万献初解字讲经

说文解字十二讲

万献初 ··· 讲授

刘会龙 ··· 撰理

中华书局

图书在版编目（CIP）数据

说文解字十二讲/万献初讲授；刘会龙撰理. —北京：中华书局，2019.1（2025.6 重印）
（万献初解字讲经）
ISBN 978-7-101-12858-1

Ⅰ.说… Ⅱ.①万…②刘… Ⅲ.《说文》-青少年读物 Ⅳ.H161-49

中国版本图书馆 CIP 数据核字（2017）第 251540 号

书　　名	说文解字十二讲	
讲　　授	万献初	
撰　　理	刘会龙	
丛 书 名	万献初解字讲经	
策划编辑	李　猛	
责任编辑	王鑫鑫	
特约编辑	徐　洪	
封面设计	林　林［广大迅风艺术］	
责任印制	管　斌	
出版发行	中华书局	
	（北京市丰台区太平桥西里 38 号　100073）	
	http://www.zhbc.com.cn	
	E-mail：zhbc@zhbc.com.cn	
印　　刷	北京盛通印刷股份有限公司	
版　　次	2019 年 1 月第 1 版	
	2025 年 6 月第 21 次印刷	
规　　格	开本/880×1230 毫米　1/32	
	印张 11½　插页 2　字数 300 千字	
印　　数	131001-136000 册	
国际书号	ISBN 978-7-101-12858-1	
定　　价	48.00 元	

目 录

序 ……………………………………………………… 1

第一讲 导言

一、姓氏字举例 ………………………………………… 2

二、文和字 ……………………………………………… 8

三、《说文解字》与基础汉字（字根）………………… 12

附:《说文》540部首歌诀 …………………… 14

四、懂得汉字构造的实际用途 ………………………… 18

第二讲 "人"类基础字形讲析

一、各类"人" …………………………………………… 24

二、"人"的变化 ………………………………………… 40

三、人体 ………………………………………………… 47

第三讲 身体器官类基础字形讲析

一、头及脸面 …………………………………………… 55

二、眼、鼻、耳 ………………………………………… 60

三、口、舌、齿 ………………………………………… 65

四、心思······76

五、手与动作······77

六、足与行走······89

第四讲　动物类基础字形讲析

一、家畜类······98

二、虫鱼类······108

三、野兽类······115

四、鸟类······125

第五讲　植物与庄稼类基础字形讲析

一、草类······137

二、木类······142

三、庄稼类······154

第六讲　自然界类基础字形讲析

一、天空类······164

二、地土类······176

三、山石类······182

四、水流类······189

第七讲　宫室与数目类基础字形讲析

一、居住类建筑······197

二、城邑类建筑······205

三、附属建筑·······························212

四、数目类·······························215

第八讲　服饰与饮食类基础字形讲析

一、丝系类·······························228

二、服饰类·······························232

三、火食烹饪类·······························241

第九讲　常用器皿类基础字形讲析

一、日用器皿·······························255

二、祭祀礼器及占卜用器·······························266

第十讲　武器、交通与工具及其他类基础字形讲析

一、武器与交通类器具·······························277

二、工具及其他器具·······························300

第十一、第十二讲　"六书"
　　　　——《说文》小篆的构形分析

一、"六书"名称的由来及其内容·······························315

二、"六书"的定义及其应用·······························319

三、"六书"的局限性及其在汉字发展史上的作用······344

附录

关键字音序索引·······························349

序

　　解字讲经，先要"解字"，也就是要了解并掌握汉字的构形意图，然后才能读懂用这些汉字所书写的经典词句。汉字是表意体系的文字，知其构形，才能准确理解其意义。大部分经典都产生于先秦，离汉字构形表意的时代不远，用当时人构形表意的思维去读当时人写成的经典文句，自然顺理成章。然而，今人不学习构字理据，用今人的现代汉语字词知识，去强解上古经典文句，想不望文生义、牵强附会，恐怕很难。

　　二千五百年前，"周礼，八岁入小学，保氏教国子，先以六书"，先系统学习构字理据。清末民初之前，小孩上学先学"三百千千"，即《三字经》《百家姓》《千字文》《千家诗》，先系统认字，再辅以背诵诗词，巩固所学字词。这个近三千年"认字明理"的中华优良教学传统，由于多方面的原因，已经阻断太久了。今天，从小学到大学研究生，都没有专门讲解汉字字源的课程，很多人都不知道自己姓名中所用的两三个字原本是什么意思。

"说文解字十二讲"，源于我在武汉大学开设的全校性公共选修课，该课每次限选三百人，但总是供不应求。于是，立项建设成"国家视频公开课"（爱课程网），传播的面就宽广了很多。现在把所讲的内容写下来，尤其是把古文字字形固定到书面上，方便看视频者参照，也有利于不看视频者阅读和学习，有些探究性的内容也可供汉字研究者参考。

"说文解字"有双重意思：一是说说文、解解字，就是系统分析讲解基本汉字的构形原理及其规则，也就是汉语文字学。二是介绍《说文解字》（简称《说文》）这本书，重点在于，逐一讲解其540部首中470个字根的构形理据及其应用，再讲解"六书"理论以明汉字构形规则。

东汉许慎撰《说文解字》，博采通人，信而有征，叙录篆文，合采古籀，辨别异体，疏通形义，成为其时汉字规范而系统的字源字典。《说文》规范了当时汉字的用字系统，创立了540部首据形系联的编排体系，阐明"六书"理论并付诸使用，说解汉字的构形本义而得以形义统一。《说文》成就巨大，影响深远，清人王鸣盛说："《说文》为天下第一种书，读遍天下书，不读《说文》，犹不读也。"近人章太炎亦言："读古书，非通小学是无从下手的了。"小学指文字、音韵和训诂之学，文字学居其要。

下面原文照引友生萧萧所写，题为《为何学〈说文解字〉》的微信文章，以明学习该课程的意义：

孩子是人类的未来，我们用什么样的方式教孩子，就是在用什么样的方式塑造孩子的灵魂。对于汉字教学，目前一般先从拼音开始，然后一笔一画地学习，记不住的或者写错的汉字，靠罚抄等手段强硬地塞到孩子的头脑里，极少有人告诉孩子为什么要这样做。

是啊，为什么？为什么"天"不出头，"夫"要出头？"戌"和"戍"为什么要这么写呢？"即"和"既"为什么一个表示"还没有发生"，一个表示"已经发生"？为什么"辟"有时候是"避"，有时候是"譬"？为什么"朦胧"和"肝脏"的部首本不一样？……

我们有无数个"为什么"要与孩子一起解答。但又如何解答呢？

文字最早起源于图画，慢慢简化成最早的象形文字，比如甲骨文、苏美尔文、玛雅文、埃及文等。

何为象形？许慎《说文解字·叙》说："象形者，画成其物，随体诘诎，日月是也。"也就是按照事物的样子来画的。有了这些之后，我们再按照规则去增减组合，就产生了很多汉字。鲁迅先生在《汉文学史纲要》第一章说："今之文字，形声转多，而察其缔构，什九以形象为本柢。诵习一字，当识形音义三：口诵耳闻其音，目察其形，心通其义，三识并用，一字之功乃全。"

中国的文字学始于东汉许慎的《说文解字》,"文"指独体的象形表意字(或构字部件),"字"指合体的会意字和形声字。独体"文"只能"说"其构型意图,合体"字"则可"解"其构成部分之间的关系,这就是"说文"和"解字"的由来。简单来说,"独体为文,合体为字","字"是由"文"生出来的。最早的"文"基本都是非常形象生动的。

因此,我们可以从象形文字开始学习汉字,然后再用《说文解字》的方法,按照造字用字的规则,来拆分、组合、联想,学习其他汉字。

比如,何为"信"?"信"字左边象一个有礼貌的"人(亻)"垂臂站立的样子,右边是"言"。说到"言"又要了解到"口""舌"的造字由来。"口(ᵁ)"象人的嘴巴,"舌"在嘴里,"先民草居患它","它(𐎐)"就是"蛇",蛇的舌头是分叉的,先人在造"舌"字时,印象最深刻的应该就是蛇的舌头,因此"舌(舌)"字也是伸出口分叉的舌头,"言"是需要舌头才能说出来的,所以在"舌"上加了一点符号表示我们说出来的话,就变成了"言(言)"。什么是"信(信)"呢?"人言为信",说的话要算数,这就是信!孔子说:"人而无信,不知其可也。大车无𫐐,小车无𫐄,其何以行之哉!"

这样,我们可以从一个字延伸学习好几个字,在学习的过程中,可以探索远古先民的生活、汉字的演变、文字本身的内涵,还可以结合经典去阐述更深层次的文化内涵。孩子们这样学会汉字,才可能更好地理解经典、传承历史文化。

　　除了教孩子学习汉字，家长自己为什么学习《说文》呢？

　　有人会说，现在我们不读古书了，是否可以不用追本溯源学习汉字？先不谈文化传承的重要性，也不说我们平时闹出多少笑话，比如把"穷则独善其身"的"穷"理解成"贫穷"；把"床前明月光"的"床"理解成"寝具"等。仅说"文字"，对于中国人来讲，它只是一个工具吗？

　　由于强大的汉朝，我们有了"汉人""汉族"等称呼，中国的文字也被称为"汉字"。汉字有极长的演化历程和丰富的文化内涵，印度前总理尼赫鲁曾经这样评价汉字："世界上有一个古老的国家，它的每一个字都是一幅美丽的画、一首优美的诗。"正如许冲《上〈说文解字〉表》中所言："天地鬼神、山川草木、鸟兽昆虫、杂物奇怪、王制礼仪、世间人事，莫不毕载。"所以读懂了汉字，你就了解了整个中国文化的脉络及其传承。

　　又有人会说，我为什么要知道中国的历史文化啊？学了历史文化有什么用？这个问题实在难以回答。《道德经》第十一章说："埏埴以为器，当其无，有器之用。凿户牖以为室，当其无，有室之用。"就是说，器皿有用的地方是中间的无用之处，房子能住人也是因为中间的空处。对于人而言，文化就决定了这个空间的大小，因为它的高度和底蕴决定了一个人的眼光和心胸、习性和品德、灵性和智慧。

　　中国文化包罗万象，四书五经，诸子百家，含有无数的贤者智慧；诗词歌赋，琴棋书画，倾诉着中国人对美的追求；亭台楼阁，小桥流水，蕴含着诗情画意；太极八卦，衣食住行，体现着自然天道……它们是民族文化的灵魂，也是五千年历史之所以生动传神之所在。

蔡元培先生曾问："同是动物，为什么只有人类能不断地进步，能创造文化？"他回答说："因为人类有历史，而别的动物没有。因为它们没有历史，不能够把过去的经验传下去。"然后再问："为什么只有人类能创造历史，而别的动物没有？"答："因为人类有变化无穷的语言。"而"文字"正是语言的载体，因为有了文字，我们的文明才得以保存和流传。

一代代优秀的华夏儿女将璀璨的中华文明传承了下来，如何让其永远传承下去，有无数人在思考、在寻找、在践行。现在我们共建此群（《说文解字》学习群），为传播《说文》，更是为了中华文明的薪火相传，在此抛砖引玉，与诸君共勉之！

本书的内容，虽由我讲授，但其中的字形资料由友生刘会龙选辑，视频的解说词也由刘会龙主持录校。本书以视频录音为基础，经刘会龙悉心撰录、整理、加工、补充而得以完成，费时尽力，核实补遗，足见功夫，谨致谢忱！

以《说文》为主的文字学，是传统文字学。我们讲汉字的构形意图和字形结构，首先引许慎《说文》的说解为依据

（［汉］许慎撰，［宋］徐铉校定《说文解字》，中华书局2015年6月版），选列出土文献的甲骨文、金文等字形作参考（文献来源在字形下方标注），综合考量，尽量说清楚各字形的构形意图。许慎说解字形，"博采通人，至于小大"，"于所不知，盖阙如也"，所说皆有来历，不轻下己意。因此，我们首先明晰许慎说解的真意，今人说解有可取者，列出以备对照参考。少数许慎说解难明者，依据古文字字形作说明。许慎说解与今人据古文字所作说解都合构形意图者，如"至（🔻）"有"到达"和"顶点"两义，许慎释为"鸟飞从高下至地"，今人释为"矢射至地"，两说构字意图并不冲突，不必据甲金字形否定许慎说解，说不定造"至"字时，弓箭（矢）还远没有发明呢。

本书讲解的字根（文），是汉字系统中最基本的构字部件和基本字形。《说文》540部首，还有86个未列入讲解，或为单一笔画，或很少参与构字，或为凑足"六九五十四"而收入的合体字，其说解可参见本人《〈说文〉学导论》第二章"《〈说文〉五百四十部首讲解》"（武汉大学出版社2014年版）。《说文》收录了9353字，本书只就字根讲析，涉及了一小部分。本书讲解了"六书"内容，《说文》涉及的内容还有很多，均可参阅《〈说文〉学导论》。

在行文体例方面，本书讲解顺序为：先列甲骨文、金文及相关古文字字形，有的附列示意图片，以便直观理解构形意图。次列字头，加注汉语拼音，用引号引列大徐本许慎说解：依原式先列小篆字头，次列说解。接下来才是我们的分析讲解。为方便读者检索学习，文后特附录关键字音序索引。

因字形分析的需要，所引许慎原文用繁体字，行文涉及构形解析者用繁体字，其他一律用简化字。

万献初

2016 年 12 月

于珞珈山东山头寓所

第一讲 导言

所谓"说文解字",有双重意思,一是指东汉许慎讲解汉字的经典著作《说文解字》,一是指"说一说文,解一解字",也就是讲析文字。本书就是要以《说文》为基础,系统地说解基础汉字的构形原理。

汉字,跟我们每一个人的日常生活紧密相关。我们每天读书、看报、发短信等,都在与汉字保持亲密接触。我们常常使用和看到的每一个汉字,都有最初的造字意图,都是社会生活的写照,因为汉字本身就是历史。汉字的构形原理和内部结构都有非常好的系统性和非常浓的趣味性,形象、生动、简明、有趣。在我眼里,每个汉字都是一朵花,中华文化瑰丽之花。

然而遗憾的是,当中华文化传统出现断层以后,汉字知识没能得到很好地继承。《说文·叙》:"周礼,八岁入小学,保氏教国子,先以六书。""六书"讲汉字的构形,古人八岁就开始掌握的汉字构形理据，现在读到了大学，甚至读到研究生还没有弄清楚。本书就是试图通过对汉字知识的系统讲解，使大家能对日常生活中常见的汉字有一个基础认识，从而清楚体认汉字与我们的关系。就拿跟我们关系最近的姓名而言，你姓甚名谁，它们原来各自什么意思，恐怕绝非人人心知肚明。有这样一个笑话，说你的名字跟了你几十年，它认得你，你却认不得它！所以，通过本书的学习，至少要把自己的名字搞清楚。有了这样一个起点，就会加深对汉字构形理据的理解而不至于"视而不见"，使用汉字的效率和准确性也就会得到提升。汉字记录和承载了中华民族所有的文化，如果对其有一个比较系统的，或者叫作知识性理解的话，我们对自己所做的工作、所学的内容就会有一个不同的认识，就会上一个台阶。

一、姓氏字举例

首先，我们从"姓氏"开始讲起。因为姓名离我们最近，谁都关心与自己最亲近的东西。尽管每个人的姓名跟了自己多年，却很少有人知道它们原本是什么意思。名太多，不便一一指认，暂且置之不论。而姓是有限的，可以一一道来，如百家姓里的"赵钱孙李周吴郑王"，等等。那么这些姓是从哪来的？它们原始的造字意图又是什么？要回答这些问题，还得从"姓氏"二字说起。

姓氏，原本不是一个词，而是"姓"和"氏"两个词，它们的意思是不一样的。姓，xìng，《说文·女部》："𤯔，人所生也……从女，从生，生亦聲。"又"氏"字下段玉裁注："姓者，统于上者也；氏者，别于下者也。""姓"比"氏"的涵盖范围大，且出现得早一些。《左传·隐公八年》："天子建德，因生以赐姓，胙之土而命之氏。"后来合称"姓氏"。殷商时代，帝王还无姓氏。甲骨文中，帝王、后妃是用天干（甲乙丙丁等）作称谓，又男称祖，女称妣，或别以文武、大小，如祖乙、祖辛、祖丁、大甲、中丁、小乙、武丁、文丁、妣甲、妣丙、妣庚等。周秦时代有了"姓"，开始主要是氏族、部落的徽号标记，与后世的姓氏多有不同。顾炎武《日知录》卷二十三考《春秋》共有二十二姓：妫、姒、姬、姜、妘、嬴、姞、子、己、风、任、祁、芈、曹、董、偃、归、曼、熊、漆、隗、允。

前6.28.2　　佚445　　兮甲盘　　齐镈

"姓"从"生"得音义，《说文·生部》："𤯔，進也，象艸木生出土上。""生"字篆书作Ψ，象草木枝芽从土地上生长出来的样子。人从娘肚里生长出来，与草木从大地生长出来相似，故"生"由草木长出转指人的生育。陆德明《经典释文》："女生曰姓。"女子是直接生育者，母系氏族社会"知其母不知其父"，故"因生以赐姓"，在"生"前加"女"旁而成"姓"。因而在姓氏意义上，"生－姓"是一对先后出现的古今字。

顾炎武考证《春秋》只有二十二个姓，为数并不多，其中差不多一半都与"女"有关（从偏旁就可以看出），说明姓在母系氏族社会就已经存在。我们常常自称"炎黄子孙"，但炎帝不姓炎而姓姜，黄帝也不姓黄而姓姬。还有周天子不姓周而姓姬，秦始皇不姓秦而姓嬴，等等，这些曾经的显姓都从"女"旁。这些都说明姓根植于母系氏族社会。那时还没有家庭婚姻这种概念，部族主要是以母系作为主导，一般是由比较有权威的女性来掌管她这一族，而作为该族指称符号的"姓"，自然就从"女"了。这也就是姓字"从女，从生"的来源。

前5.46.1　　乙513　　　麤簋　　　卫鼎

氏，shì，《说文·氏部》："氐，巴蜀名山岸脅之旁箸欲落堕者曰氏。氏崩，聞數百里。象形，乀聲。揚雄賦：響若氏隤。"石，铁一〇四·三，乙四六九三，象悬崖（厂）下的石块（口）形。氏，粹七五五，克鼎，用线条将山崖与坠落的石块连起来，表示石为崖的分支。

賭金氏孙盘　　　　氏鼎　　　　上（2）.容.53背

氏，dǐ，《说文·氏部》："氐，至也。从氏下箸一。一，地也。"賭金氏孙盘，石落到了地上，有至、止意，表示根柢，"氏"与"底""低""抵""柢""邸"音义通。林义光《文源》认为："氏，本义当为根柢，……姓氏之氏，亦由根柢之义引申。"即"氏"是"根柢"之"柢"的本字，"氏"与"氐""柢"同。分姓命氏就是为了宗族血缘的源远流长，同时也为慎终追远、寻根问祖提供了依据。

根据《说文》的解说，氏的本义是一块快要从巴蜀山上掉下来的石头。这一块石头相对于巴蜀山整体而言，就是一个分支，所以"氏"的意思稍做引申就是分支。就姓氏而言，氏就是姓的一个分支。从《春秋》里的二十二个姓，到后来的百家姓，说明当初的姓不断产生分支而成为后来的姓，后来的姓原本只是当初的姓的分支，即氏而已。

氏是父系氏族社会的产物，本是古贵族用来标示高贵宗族分支的称号，即家族支派的指称符号，是从"姓"中分封而得来的。从母系社会过渡到父系社会以后，某些家族支派由于种种原因而取得了相对独立的地位，于是就有了宗族对其"胙之土"而分封的行为。分封之后，为示区别，就根据其不同的职业、地域、所封住地等特殊信息，给他这一支派重新命名称号，这就成了"氏"的来源。

命氏之初，其氏族始祖的特点往往与命氏所用之字意义相关，如巫氏始祖为巫师，屠氏始祖为屠夫，陶氏始祖是做陶器的。自然无疑，杨氏住地有杨树，林氏住地有树林。内城为城，外城为郭，东郭先生的祖宗最初住在城外东面，西门官人的始祖住在城的西门处。这些氏的来源就是这样的。百家姓中，人数较多的有五大姓氏，"张王刘李陈，天下一半人"。且看五家命氏的构字意图。

陈公子子叔遱父甗

陈侯鬲

陳（陈），chén，《说文·𨸏部》：“陳，宛丘也，舜後嬀滿之所封。从𨸏，从木，申聲。陣，古文陳。”徐灏注笺：“陈之本义即谓陈列，因为国名所专，后人昧其义耳。”

敶，chén，《说文·攴部》：“敶，列也，从攴陳聲。”段玉裁《说文解字注》：“《韩诗》：信彼南山，惟禹敶之。《尔雅》：郊外谓之田。李巡云：田，敶也。谓敶列种谷之处。敶者敶之省。《素问》注云：敶，古陳字。是也。此本敶列字，后人假借陳为之，陳行而敶废矣。亦本军敶字，㒳下云：读若军敶之敶。是也。后人别制无理之陣字，陣行而敶又废矣。”以手持鞭子（攴）驱车（車－東）到山阜（阝）前列阵为“敶”。后分工为：动词：陳，chén，直珍切，平声，陈列、铺陈－陳。名词：陣，zhèn，直刃切，去声，军阵、阵地－陣。陈氏始祖当是排兵布阵的，或封于战阵处。“敶－𨊠－陣－陈－阵”为其字的演化序列。

李，lǐ，《说文·木部》：“李，果也。从木，子聲。”训“果也”，树上（木）吊的“子”自然是“果”了，故李氏始祖被封，且住在有果园之地，也是可以想见的。

劉，刘（劉）氏之刘，从刀。《广雅·释器》：“劉，刀也。”《说文》作“鐂”，训“杀也”。大约其初封始祖勇武尚战而喜好拼杀。

王，wáng，《说文·王部》：“王，天下所歸往也。董仲舒

曰：古之造文者，三畫而連其中謂之王。三者，天、地、人也，而參通之者，王也。孔子曰：一貫三爲王。"甲骨文作

，金文作，以石斧、铜斧钺之形代表王权。"王"为王权、君王，那么王子、王孙分封，自然以"王"为氏。

張（张），zhāng，《说文·弓部》："，施弓弦也。从弓，長聲。"意思是拉开长弓来射箭，所以其受封始祖不是猎手就是战士，也许是神射手。这里值得补述的是，开弓为"张（弓弦拉长）"，放箭为"弛"，一张一弛之谓道。张为张开，所以凡在平面上摊开的物品，量词用"张"，如一张纸、一张桌子、一张车票等。椅子用"把"，从手，是手可以把握的。笔用"支"，，象手（又）持竹枝（个，半竹）形。由此可见，我们所用的量词，都与记录这些量词所用汉字的构形意图有着密切的联系，都能从中找到理据。

二、文和字

汉字是中华民族所用的文字，华夏文字至汉代以后才通称"汉字"。而"文字"一词，和"姓氏"一样，原本是由"文"和"字"组成的合成词。"文""字"意思有别，并非一回事。

甲 3940　　乙 6821 反　　能匋尊　　作册矢令簋

　　文，wén，《说文·文部》："文，错画也，象交文。"甲骨文作文，金文作文，是正面叉腿而立的人（交文）胸脯上画有花纹的形状，表达的意思是古人的"文（纹）身"。"文"与"纹"是一对古今字。就是说，古代文身只作"文"，后来"文"用作文字、文章、文化等义，后人根据花纹是丝线形而加上绞丝旁（糸 mì）成为后出今字"纹"。《庄子·逍遥游》："越人断发文身。"是说古代越国人的风俗要剪头发，在身上刺花纹。古人为什么要文身呢？远古部族间打仗，都是赤膊上阵，为区分敌我而不杀错，就在战士胸脯上雕刺本族图腾的花纹，涂上颜色，这就是最早的文（纹），具有符号识别功能。《水浒传》中的九纹龙史进身上刺九条龙形花纹，就是承古人文身的遗风，有表示勇武和美观的意味。电影里黑社会老大一般也会文身。"文"的意义引申序列可表示为：

　　文：刺花纹→花纹、纹理→文字（《左传·昭公元年》："于文，皿虫为蛊。"杜预注："文，字也。"）→言辞→文采→文章→礼乐仪

制→法令条文

《说文·叙》："黄帝之史仓颉，见鸟兽蹄远之迹，知分理之可相别异也，初造书契。"传说中黄帝的史官仓颉造字时，发现猎人看到雪地、泥地上鸟兽留下的脚印，就可以辨别是什么鸟兽走过了，比如梅花状的可能是狼，"个"字形的可能是野鸡。他由此得到启发，便用刻画符号把不在场的事物描画出轮廓特征，或留给后来的人看，或传给异地的人看，这与从文身得到的造字启示是相同的。由此可知，利用刻画符号来"分理别异"的书契，就是最初的象形文（字）。这些"文"是单独构形的，所画事物的形体是独立完整而不可拆分的，即所谓"独体为文"。

仅仅有形象鲜明的"文"，不足以记录和传达日益增多的词，这就需要将现有的文进行再次组合，于是就产生了"字"。

父己觯　　余赙逯儿钟　　善夫沬其簋

字，zì，《说文·子部》："宀，乳也。从子在宀下，子亦聲。"宀父己觯，宀（冖，mián）为房子，内有婴儿（子），即在室内生孩子（包括怀孕、哺乳）。朱骏声《说文通训定声》："人生子曰字。"《广雅·释诂》："字，生也。""字"本是生孩子的意思。《诗经·大雅·生民》叙述周代的始祖——农业之父后稷的母亲姜嫄祷神求子，踏天神脚印怀孕生下后稷，不敢养育而把他丢弃的经历。其中说道："诞置之隘巷，牛羊腓字之。"把婴儿丢在没人管的地方，而"牛羊腓字之"，就是说牛羊都来遮蔽保护他，给他喂奶。《周易·屯卦》："女子贞不字，十年乃字。"唐代李鼎祚《周易集解》引三国虞翻的话说："字，妊娠也。"是说女子十年才怀孕生孩子。"十年不字"则是说女子嫁了十年还没怀孕生孩子。再后来，女子出嫁也称字，"待字闺中"就是闺中待嫁。《正字通·子部》："女子许嫁曰字。""字"的意义引申序列可表示为：

　　字：生子→出嫁、怀孕、哺乳→养育→治理、教育→文字（《说文·叙》："仓颉之初作书，盖依类象形，故谓之文；其后形声相益，即谓之字。文者，物象之本；字者，言孳乳而浸多也。"）

　　"独体为文，合体为字"。文，是从表示文身的象形字扩展指描画线条来表示意义的单体象形文字；字，从房内（宀）生孩子（子）的会意字扩展指用两个以上的单体文拼合出来的合体文字，"字"是由"文"生出来的。文和字代表了汉字构形表意的两大类型，合称"文字"。如"木"作 🌲，画树干、树根、树枝，表示木（树），是独体的文，"林""森""松""柴"是由"木"与其他"文"组合成的合体"字"。

说文解字，分"说文"和"解字"。文是独立的图像，"说明"其构形就可以了；字是文的组合，一定要"解析"才能明了。

解，jiě，《说文·刀部》："解，判也。从刀判牛角。" 🐮，解的意思是用刀把牛角从牛头上卸下来。要分解的东西一定不是单一的，这也就是"字"需要拆分、解析的原因。

把数量有限而基础的"文"的构形搞清楚，并掌握"文"组合成"字"的规则，就可以举一反三，类推、组合出无限的"字"来，文字的系统性也就自然呈现出来了。本书就是要把基础的"文"及其构"字"规则完整地说解一遍，让大家较为系统地把握汉字，进而加深对传统文化的理解。

三、《说文解字》与基础汉字（字根）

汉字数量有多少呢？一般人认2500个汉字就可以看书看报发短信了，好一些的高中生认3500个字，能教古文的高中语文老师认5000个字。《新华字典》收11000个字（含异体字）。

东汉许慎编撰《说文》，收正篆9353个字，为东汉时期的常用字形。据清人《十三经集字》统计，先秦"十三经"

所用不重复的单字只有 6544 个字。南朝顾野王《玉篇》收16917 个字。宋代《集韵》所收 53525 个字，除去异体，实收32381 个字。清代《康熙字典》收 47035 个字。武汉大学古籍研究所参与编撰的《汉语大字典》收 56000 多个字。而今天依靠电脑能搜集到的汉字字形在 10 万个以上。

不管汉字总量多到什么程度，组成这些字形的基本构字部件是不变的，只在 500 个以内。若再从楷书字形中拆出笔画，就只有"一""丨""丿""丶""乛"五种笔画形态了。

《说文》540 部首，大致就是汉字的基本构字部件，也就是构成众多汉字的字根。许慎编撰《说文》时，从 9353 个字形中分析构形，按义类归纳出 540 部，各部选一个字形来统领各自义类的字，称为"部首"。如跟水相关的归属"水"类，跟狩猎有关的归属"犬"类，跟动作有关的归属"手"类等，条理清晰，纲举目张，是汉字研究史上的伟大创举。

《说文》540 部首，"近取诸身，远取诸物"，正是对社会生活的全面观察、概括与反映。据研究者统计，540 部首的内容大致可分为六大类：人体类 97 部、动物类 61 部、植物类 31部、自然界类 37 部、器用类 180 部、数目类 34 部。许慎创造的分部首列字、析字、检字的方法，规律性、系统性、实用性都很强，成为历代辞书的通例，至今仍然如此。所以，段玉裁在《说文》"一"字下注说："以字形为书，俾学者因形以考音与义，实始于许，功莫大焉。"

《说文》540部首，是汉字的基本字根。许慎因《周易》阳爻为九、阴爻为六，为了凑足"六九五十四"的540部，放入了一些合体字，如"鼻""蓐""殺"等。除去这些，还有纯笔画的"丨""丿"之类，而其中用于构成合体字的独体字根和常用字形只有470来个。2500个常用字→3500个次常用字→5000个汉字→10万个汉字，都是由这470个基础汉字（文–字根）组合出来的。因此，汉字中最为能产的是由独体字根组合出来的形声字，在甲骨文中约占27%，在《说文》中则超过了80%。

本书将对470个常用基本字的字形构造进行分类讲解，掌握了这些基本的字根（文），再学习并掌握用独体字根组合派生出合体字（主要是形声字）的"六书"造字规则，2500个常用字也好，10万个复杂字形也好，就容易系统掌握了。

附：

《说文》540部首歌诀

一 yī	丄 shàng	示 shì	三 sān	王 wáng	玉 yù	珏 jué
气 qì	士 shì	丨 gǔn	屮 chè	艸 cǎo	蓐 rù	茻 mǎng
小 xiǎo	八 bā	釆 biàn	半 bàn	牛 niú	犛 lí	告 gào

口 kǒu	凵 kǎn	吅 xuān	哭 kū	走 zǒu	止 zhǐ	癶 bō
步 bù	此 cǐ	正 zhèng	是 shì	辵 chuò	彳 chì	廴 yǐn
㢟 chān	行 xíng	齒 chǐ	牙 yá	足 zú	疋 shū	品 pǐn
龠 yuè	冊 cè	㗊 jí	舌 shé	干 gān	谷 jué	只 zhǐ
㕯 nè	句 gōu	丩 jiū	古 gǔ	十 shí	卅 sà	言 yán
誩 jìng	音 yīn	䇂 qiān	丵 zhuó	菐 pú	𠬞 gǒng	𠬜 pān
共 gòng	異 yì	舁 yú	𦥑 jū	䢅 chén	爨 cuàn	革 gé
鬲 lì	䰜 lì	爪 zhǎo	丮 jǐ	鬥 dòu	又 yòu	𠂇 zuǒ
史 shǐ	支 zhī	𦘒 niè	聿 yù	畫 huà	隶 dài	臤 qiān
臣 chén	殳 shū	殺 shā	几 shū	寸 cùn	皮 pí	㼱 ruǎn
攴 pū	教 jiào	卜 bǔ	用 yòng	爻 yáo	㸚 lǐ	𡕥 xuè
目 mù	䀠 jù	眉 méi	盾 dùn	自 zì	白 zì	鼻 bí
皕 bì	習 xí	羽 yǔ	隹 zhuī	奞 suī	雈 huán	𦫳 guǎi
𥄕 mò	羊 yáng	羴 shān	瞿 jù	雔 chóu	雥 zá	鳥 niǎo
烏 wū	𠁁 bān	冓 gòu	幺 yāo	𢆶 yōu	叀 zhuān	玄 xuán
予 yǔ	放 fàng	𠬪 biào	𣦼 cán	歺 è	死 sǐ	冎 guǎ
骨 gǔ	肉 ròu	筋 jīn	刀 dāo	刃 rèn	㓞 qià	丯 jiè
耒 lěi	角 jiǎo	竹 zhú	箕 jī	丌 jī	左 zuǒ	工 gōng
㠭 zhǎn	巫 wū	甘 gān	曰 yuē	乃 nǎi	丂 kǎo	可 kě
兮 xī	号 háo	亏 yú	旨 zhǐ	喜 xǐ	壴 zhù	鼓 gǔ
豈 qǐ	豆 dòu	豊 lǐ	豐 fēng	䖒 xī	虍 hū	虎 hǔ

巐 yán	皿 mǐn	厶 qū	去 qù	血 xuè	丶 zhǔ	丹 dān
青 qīng	井 jǐng	皀 bī	鬯 chàng	食 shí	亼 jí	會 huì
倉 cāng	入 rù	缶 fǒu	矢 shǐ	高 gāo	冂 jiōng	𩫖 guō
京 jīng	亯 xiǎng	㫄 hòu	畐 fú	㐭 lǐn	嗇 sè	來 lái
麥 mài	夊 suī	舛 chuǎn	舜 shùn	韋 wéi	弟 dì	夂 zhǐ
久 jiǔ	桀 jié	木 mù	東 dōng	林 lín	才 cái	叒 ruò
之 zhī	帀 zā	出 chū	宋 pò	生 shēng	乇 zhé	烝 chuí
琴 huā	華 huā	禾 jī	稽 jī	巢 cháo	桼 qī	束 shù
橐 gǔn	囗 wéi	員 yuán	貝 bèi	邑 yì	䢅 xiàng	日 rì
旦 dàn	倝 gàn	㫃 yǎn	冥 míng	晶 jīng	月 yuè	有 yǒu
朙 míng	囧 jiǒng	夕 xī	多 duō	毌 guàn	马 hàn	東 hàn
卤 tiáo	齊 qí	朿 cì	片 piàn	鼎 dǐng	克 kè	彔 lù
禾 hé	秝 lì	黍 shǔ	香 xiāng	米 mǐ	毇 huǐ	臼 jiù
凶 xiōng	朮 pìn	林 pài	麻 má	尗 shū	耑 duān	韭 jiǔ
瓜 guā	瓠 hù	宀 mián	宮 gōng	呂 lǚ	穴 xué	㝱 mèng
疒 nè	冖 mì	冃 mǎo	冒 mào	网 liǎng	网 wǎng	西 yà
巾 jīn	市 fú	帛 bó	白 bái	㡀 bì	黹 zhǐ	人 rén
七 huà	匕 bǐ	从 cóng	比 bǐ	北 bèi	丘 qiū	㐺 yín
壬 tǐng	重 zhòng	臥 wò	身 shēn	㐆 yī	衣 yī	裘 qiú
老 lǎo	毛 máo	毳 cuì	尸 shī	尺 chǐ	尾 wěi	履 lǚ
舟 zhōu	方 fāng	儿 rén	兄 xiōng	先 zēn	皃 mào	兜 gǔ

先 xiān	禿 tū	見 jiàn	覞 yào	欠 qiàn	歙 yǐn	次 xián
兂 jì	頁 xié	百 shǒu	面 miàn	丏 miǎn	首 shǒu	県 jiāo
須 xū	彡 shān	紋 wén	文 wén	髟 biāo	后 hòu	司 sī
卮 zhī	卪 jié	印 yìn	色 sè	卯 qīng	辟 bì	勹 bāo
包 bāo	苟 jì	鬼 guǐ	甶 fú	厶 sī	嵬 wéi	山 shān
屾 shēn	屵 è	广 yǎn	厂 hǎn	丸 wán	危 wēi	石 shí
長 cháng	勿 wù	冄 rǎn	而 ér	豕 shǐ	希 yì	彑 jì
腞 tún	豸 zhì	㣇 sì	易 yì	象 xiàng	馬 mǎ	廌 zhì
鹿 lù	麤 cū	㲋 chuò	兔 tù	萈 huán	犬 quǎn	狀 yín
鼠 shǔ	能 néng	熊 xióng	火 huǒ	炎 yán	黑 hēi	囪 chuāng
焱 yàn	炙 zhì	赤 chì	大 dà	亦 yì	矢 zè	夭 yāo
交 jiāo	允 wāng	壺 hú	壹 yī	夲 niè	奢 shē	亢 gāng
夲 tāo	夰 gǎo	亣 dà	夫 fū	立 lì	竝 bìng	囟 xìn
思 sī	心 xīn	惢 suǒ	水 shuǐ	沝 zhuǐ	瀕 pín	〈 quǎn
巜 kuài	川 chuān	泉 quán	灥 xún	永 yǒng	辰 pài	谷 gǔ
仌 bīng	雨 yǔ	雲 yún	魚 yú	鱟 yú	燕 yàn	龍 lóng
飛 fēi	非 fēi	卂 xùn	乙 yà	不 fǒu	至 zhì	西 xī
鹵 lǔ	鹽 yán	戶 hù	門 mén	耳 ěr	臣 yí	手 shǒu
乖 guāi	女 nǚ	毋 wú	民 mín	丿 piě	乁 yì	乀 yí
氏 shì	氐 dǐ	戈 gē	戉 yuè	我 wǒ	亅 jué	珡 qín
乚 yǐn	亡 wáng	匸 xì	匚 fāng	曲 qū	甾 zī	瓦 wǎ

弓 gōng　弜 jiàng　弦 xián　系 xì　糸 mì　素 sù　絲 sī

率 shuài　虫 huǐ　蚰 kūn　蟲 chóng　風 fēng　它 tā　龜 guī

黽 měng　卵 luǎn　二 èr　土 tǔ　垚 yáo　堇 qín　里 lǐ

田 tián　畕 jiāng　黃 huáng　男 nán　力 lì　劦 xié　金 jīn

开 jiān　勺 zhuó　几 jǐ　且 jū　斤 jīn　斗 dǒu　矛 máo

車 chē　自 duī　𨸏 fù　𨸏 fù　厽 lěi　四 sì　宁 zhù

叕 zhuó　亞 yà　五 wǔ　六 liù　七 qī　九 jiǔ　内 róu

嘼 shòu　甲 jiǎ　乙 yǐ　丙 bǐng　丁 dīng　戊 wù　己 jǐ

巴 bā　庚 gēng　辛 xīn　辡 biàn　壬 rén　癸 guǐ　子 zǐ

了 liǎo　孨 zhuǎn　厶 tū　丑 chǒu　寅 yín　卯 mǎo　辰 chén

巳 sì　午 wǔ　未 wèi　申 shēn　酉 yǒu　酋 qiú　戌 xū

亥 hài

四、懂得汉字构造的实际用途

如果我们能够掌握540个部首，加上汉字造字原则"六书"，就能够系统掌握并深入理解日常所用汉字，真正读懂古文、古诗词了。如陆游《钗头凤》：

红酥手（韵），黄滕酒（叶），满城春色宫墙柳（叶）。东风恶（仄），欢情薄（叶，仄），一怀愁绪（句），几年离索（叶，仄），错（叶，仄）、错（叠）、错（叠）!

春如旧（叶首，仄），人空瘦（叶首，仄），泪痕红浥鲛绡透（叶首，仄）。桃花落（叶，仄），闲池阁（叶，仄），山盟虽在（句），锦书难托（叶，仄），莫（叶，仄）、莫（叠）、莫（叠）！

词中的韵脚字，"手""酒""柳"都是上声幽韵字相押，后一节换押入声韵。恶，《广韵》乌各切，影母铎韵入声；薄，《广韵》傍各切，并母铎韵入声；索，《广韵》苏各切，心母铎韵入声；错，《广韵》仓各切，清母铎韵入声。四字《广韵》都以"各"作反切下字，都属入声铎韵。

"薄"本读入声，表示草木密集丛生交接之处的"林薄"义，故字形从艸头。《说文·艸部》："薄，林薄也。从艸，溥声。"段玉裁《说文解字注》："林木相迫不可入曰薄，引伸凡相迫皆曰薄，如'外薄四海''日月薄蚀'皆是。"

从构形看，"薄"从"尃→甫→父"来。《说文·又部》："（父），矩也，家长率教者。从又举杖。"金文作父癸方鼎，本表示手执石斧而逢山开路的氏族壮男，后转指父亲。《说文·用部》："（甫），男子美称也。从用、父，父亦声。""父"作"甫"的声符（声旁），"甫"作"尃"的声符（有美男子、展开义），"尃"作"溥"的声符，"溥"作"薄"的声符，"薄"作"礴"的声符。其组合发展序列可表示为：父→甫→尃→溥→薄→礴。则"薄"有展开义，林木展开相迫近，有

"迫促"义。"日薄西山","薄"同"迫"。就词中的"迫促"义与入声韵读而言，这个"薄"读作pò（同"迫"），比读作厚薄的"薄（báo）"似乎更为合适一些，既可与"恶""索""错"的今音韵读相谐，又可避免"薄"在当句中被误解。所谓"欢情薄"，不是感情不深厚，而是两情相悦的时间太短促。

对"错、错、错"的解读也需要展开讨论。胡云翼、文学研究所、朱东润三家讲此词，对"错、错、错"不做注释也不论及，未可置评。《唐宋词鉴赏辞典》的鉴赏却所问甚多："究竟谁之错？自己乎？唐婉乎？陆母乎？命运乎？当初乎？今日乎？作者无须写明，他要表达的正是这种呼天无路、欲怨不能的悲愤压抑之情。"鉴赏人认为"错"就是"错误"，值得商榷。我们认为，此处的"错"是指错综复杂，而不是指错误。

"错"本读入声，《说文·金部》："錯，金涂也。从金，昔聲。"段玉裁《说文解字注》："谓以金措其上也。""错"本指琢玉用的粗磨石，《诗经·小雅·鹤鸣》："它山之石，可以为错。"《毛传》："错，石也，可以琢玉。"作动词为磨砺义，《广雅·释诂》："错，磨也。"又有镶嵌或绘绣花纹的动词义，后来作"措"，《说文》正取此义。又如《诗经·小雅·采芑》："约軧错衡。"《毛传》："错衡，文（纹）衡也。"张衡《四愁诗》："美人赠我金错刀，何以报之英琼瑶。""金错刀"即黄金镶嵌错成的刀币或书刀。

词人深叹，感情这东西实在是太复杂了，越理越乱。只好连下三个迫促的入声韵字"错、错、错"，意思是："（感情）复杂呀，很复杂呀，错综复杂呀！"而不是谁错了。可见，不了解字形的构造，用现代人常用的义项去解古人的字词句，很容易出现偏差。

再比如，武汉大学的校训是"自强弘毅，求是拓新"，其中的"弘毅"是什么意思呢？

弘，hóng，《说文·弓部》："𢎛，弓声也。从弓，厶声。厶，古文肱字。"厶，象男子手臂肌肉有力形。《说文·又部》："厷，臂上也。从又，从古文。𠫑（厶），古文厷，象形。"雄性臂力强大而字从厷。章炳麟《广论语骈枝》："《说文》：'弘，弓声也。'后人借'强'为之，用为彊义。"故强健有力谓之弘，"厶""厷""弘"义同。

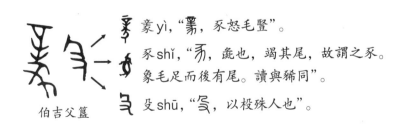

豙 yì，"𧱤，豕怒毛竖"。
豕 shǐ，"𧱋，彘也，竭其尾，故谓之豕。象毛足而后有尾。读与豨同"。
殳 shū，"𠧪，以杸殊人也"。

伯吉父簋

毅（毅），yì，《说文·殳部》："𣪠，妄怒也。"可由"豙""豕""殳"三个部件进行分析。豙，yì，"豕怒毛竖"；豕，shǐ，"彘也。竭其尾，故謂之豕。象毛足而後有尾。讀與豨同"。🐗前四·二七·四，象大肚子短尾巴的猪形。

殳，shū，"以杸殊人也。《禮》：殳以積竹，八觚，長丈二尺，建於兵車，車旅賁以先驅"。🔨乙一一五三，🔨曹鼎，会手持兵器击打之意。所以"毅"就是以手拿鞭（殳）驱赶站立不动的怒猪（豪）之形。《左传·庄公八年》："（齐侯）射之，豕人立而啼。"正是此状。猪很愚笨，急眼了脾气也很倔，发豒时怒竖鬃毛而立，死死对抗，怎么打它也只是站立着竖立鬃毛嚎叫而不动，这才是"有毅力"，即所谓"猪坚强"。"毅"由此引申出"果决""坚韧""毅力""刚毅"等常用词义。

综上所述，"弘毅"的意思就是强有力而坚毅，谓抱负远大，意志坚强。《论语·泰伯》："士不可以不弘毅，任重而道远。仁以为己任，不亦重乎？死而后已，不亦远乎？"朱熹注："弘，宽广也；毅，强忍也。非弘不能胜其重，非毅无以致其远。"这些信息其实都蕴含在文字构形之中。

第二讲　"人"类基础字形讲析

　　《三字经》有云："人之初，性本善。"我们研究汉字先从"人"说起。古人造字时的思维应当最贴近当时人们的社会生活，首先从人本身选取构形素材。人们最熟悉自己的身体，用人们最熟悉的身体特征作为素材来构造字形，最形象且便于大家理解和运用。《说文·叙》："古者庖牺氏之王天下也，仰则观象于天，俯则观法于地，观鸟兽之文与地之宜，近取诸身，远取诸物，于是始作《易》八卦，以垂宪象。"所谓"近取诸身"，意思是说用人的身体及器官来作构字的材料，所造出的字形象生动、通俗易懂。

一、各类"人"

乙1938反　　铁191.1　　燕4　　作册般甗　　樊夫人龙嬴匜

人，rén，"𠕋，天地之性最贵者也。此籀文，象臂胫之形"。象人有礼貌地侧身垂臂站立之形。楷书中一撇象人侧身下垂的手臂，一捺象躬身及腿形。中国是礼仪之邦，所以用这个形象来表示名词——人。英国人莎士比亚说人乃万物之灵，与我们讲人乃"天地之性最贵者"的说法如出一辙。《说文》中从"人"构形的"亻"旁字多达245个。

前2.19.1　　鲁伯俞父簠　　中山王礜鼎　　香中大3

仁，rén，"𠄏，親也。从人，从二。忎，古文仁，从千、心。𡰥，古文仁或从尸"。即"仁者，二人也"或"千人同心（忎）"。"人""仁"音相同而义同源，"仁"是指人与人之间和谐亲密的关系，是较抽象的状态词，音义由"人"派生分化，故字形从"人""二"会意，以表人与人之间关系的和谐。所有人的"二人"关系搞好了，社会就和谐了，所以"仁"是儒家最高的道德境界、为政境界和理想境界。

如果将"仁"具体化，那么"二人"就是诸如君臣、父子、夫妇、兄弟、朋友一样的关系；所谓"千人同心"，就是指所有人的"二人"关系搞好之后社会融洽和谐的"大同"境界。要行"仁"道，就要搞好"二人"关系，这是很不容易的。其最高原则叫作"恕"，"恕者，如也"。"恕"字上面为"如"，底下是"心"，它很清楚地告诉人们"己所不欲，勿施于人"的道理，就是要将心比心，推己及人。可见"仁"并不是什么玄妙高深的东西，字形已经很简洁地表示出了"仁"的深刻含义。

甲387　　　粹112　　　大禾方鼎　　　作册大方鼎

大，dà，"大，天大，地大，人亦大，故大象人形"。（粹一七二，大祝禽鼎，用伸张手腿至最大限度的正面人形表示"大"，一目了然。人为"万物之灵"，所以"伟大"。古人强调做"大人""大丈夫"，要有担当。"大"下一横为"立"，"大"

上一横为"天","天,颠也"。天本是头顶的意思,也可以指代人头。陶渊明有诗句"刑天舞干戚","刑天"就是把头给割了,今人还将头顶说成天灵盖。顶天立地方为"大人",大人与天、地为"三才",所以说"天大,地大,人亦大"。

乙1874　　　乙2267　　　大盂鼎

　　夫,fū,"市,丈夫也。从大,一以象簪也。周制以八寸爲尺,十尺爲丈。人长八尺,故曰丈夫"。夫铁七七三,象人(大)头发挽髻插簪(一)形,表示成年男子。"身体发肤,受之父母,不敢毁伤",古人不剪发,成人时就把头发扎到顶上,然后用一根竹簪子穿插固牢,表示可以成家生子了。"丈夫"一词就是这么来的。

甲806　　　簠杂127　　　函交仲簠　　　作且己舥

　　交,jiāo,"交,交胫也。从大,象交形"。交甲八〇六,用正面人（大）两脚相交表示"交"。人长大后就要承担家庭责任，要进入社会工作，就要与各类人交往。交往的原则是真诚待人，平等交往，就像自己两条腿交叉支撑，不能一条长一条短，那样走路会摔倒的。

甲 820　　　前 6.51.2　　　立爯父丁卣　　　史兽鼎　　　陈璋方壶

立，𡘲，"㊧，住也。从大立一之上"。大佚二五二，㊧立爯父丁卣，象一个正面人（大）正立地面（一）上。什么叫作位置？位置就是你站立的地方。古代"立"和"位"是一个字，后来为了加以区分，"位"就加了个单人旁。每个人对自己的位置负责，忠于职守，社会才会稳定和谐。

甲 607　　　摭续 85　　　並爵　　　乃子克鼎

竝（并），bìng，"𡘪，併也。从二立"。並並爵，两个人正面挨着站在地面上就是竝（並），侧面立着是"并（𠀤）"，

"並""并"原本有差别，"並"表示并排，"并"表示合并，且读音也不同，简化后就合二为一了。

甲 896 铁 5.3 效卣 亦戈

亦，yì，"夾，人之臂亦也。从大，象兩亦之形"。夾菁六·一，用两点指示正面人两腋所在，这叫指事。"也"跟"亦"读音差不多，后来这个字形就只表示连词"也"了。那两腋如何表示呢？只得再造一个形声字"腋"来表示"亦"的本义了。

后 2.4.13 甲 2810 亚天黾爵

夭，yāo，"夭，屈也。从大，象形"。夭二八一〇，古人用人头偏不能生长表示"夭折"，称小孩子死掉了为"夭"。

铁 164.1　　后 1.6.7　　亚觚母盂　　蓳母觯　　彭女瓶

女，nǚ，"㘰，婦人也。象形。王育說"。㘰铁一六四·一，㘰子卣，象双手交胸而坐的女人形，由此可以了解当时女主内、男主外的时代特征。女人席地而坐，臀部放在脚踵上，两手交叉于胸前，显得谦恭内敛、温柔贤淑。古代没有椅子，席地而坐，坐姿跟现在很不一样，由此也可以一窥古人的一些风俗人情。

甲 2316　　京津 2943　　司母戊方鼎　　㚸方鼎　　光作母辛觯

母，mǔ，"㘰，牧也。从女，象裹子形。一曰象乳子也"。㘰前八·四·七，㘰北子鼎，母亲的样子，在"女"字上加两点突出两个乳房，生孩子喂奶才能称母。

乙 5162　　　乙 1916　　　冄父丁罍　　　农卣

妻，qī，"𡜑，婦與夫齊者也"。𡜑冄父丁罍，以手抓持女子头发，为抢婚之意。该字反映了早期的抢婚习俗。抢亲就是把女子抓来结婚，当然只能在天黑进行，所以结婚的"婚"字右旁从"昏"，"昏"从日从氏，为太阳落下之意。天黑把女子抢过来，使其成为自己的"妻"，就需要"洞房"。古人一度穴居野处，就住在山洞里，这也就是"洞房"的由来。现在女孩出嫁，某些地方还保留着妈妈哭嫁的习俗，今天妈妈哭嫁只是装个样子，而在古代可就是真哭了，因为养了多年的女儿被抢走了！

乙 8713　　　妇觥　　　义伯簋　　　晋公盆

婦（妇），fù，"𡚷，服也。从女持帚灑掃也"。𡚷妇好方彝，京津二〇二七，女子拿着扫把做家务的样子。可见"妇"和"女"不一样，妇是出嫁之后而"主内"的形象反映。"婦"简化作"妇"。

乙 192　　　后 1.6.3　　　复作父乙尊　　　伊簋

妾，qiè，"，有皋女子，給事之得接於君者"。前四·二五·七，头戴枷锁的女奴形象。古代凡有罪（比如说犯了法，抄了家）或打仗被俘虏的女性，就变成"妾"。妾既要给主人做苦工，还要服侍他、当性奴。所以她的头上永远带着一个"辛"。司母辛鼎，本为刑刀之形，这里的"辛"是一个木制枷锁类的东西，戴上后就表明了女奴身份。"妾"字的字形可反映出古代的残酷现实。

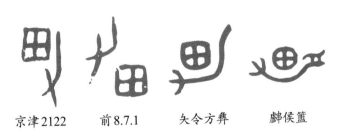

京津 2122　　　前 8.7.1　　　矢令方彝　　　鼄侯簋

男，nán，"男，丈夫也。从田，从力，言男用力於田也"。京津二一二二，矢令方彝，男子用力耕田。中国很早就进入农耕社会，男耕女织的生活方式，使得"用力于田"成为男子的表征。由此可见，文字不仅记载了历史，而且在构造时本身就是历史。文字的构造，是按照当初人们社会生活的现实去构思的，体现出当时人们的思维方式。"男，丈夫也"，男子成人后，才能耕田。"男"字之构形体现出当时的社会现实。

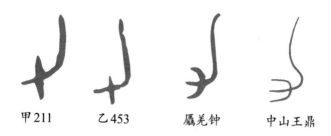

甲211　　　　乙453　　　　鷹羌钟　　　　中山王鼎

力，lì，""力，筋也。象人筋之形。治功曰力，能圉大灾"。
乙八六九八，力册父丁觚，用男子手臂表示力量。有人说
"力"象耕田之耒形，用耒翻土时需要有力气，不然土怎么翻
得动呢？可见"力"字的造字构思是非常朴素的。

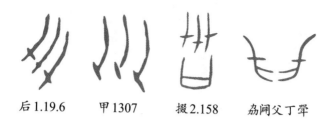

后1.19.6　　　甲1307　　　掇2.158　　　劦闸父丁斝

劦，xié，"劦，同力也。从三力"。，众臂合力，或三
耒协作合耕。"劦"同"协"，加"十"表示众多。人们常说"同
心协力"，"协力"是什么意思呢？就是你出力我也出力，大

家同时出力，这个事情就好办了。古代用三表示多，所以要用三个有力的手，才表示同心协力。后来嫌三个还不够，再加十。"協"简化成"协"以后，十办为"协"，"劦"的两个"力"简化为两点，构字意图就不太能够说得清楚了。于是有人指出，十个人一起去办事就叫协力，虽然也能讲通，但我们把这种说解叫作俚俗字源，也就是俗字源。这么解释虽也帮人记住了字形，但真正的字源不是这个意思。"协"是1956年汉字简化以后才有的，而"劦"在两千多年以前就已经存在了。

前1.5.4　　　甲2903　　　佚378　　　小臣艅犀尊

子，zǐ，"♀，十一月陽气动，萬物滋，人以爲偁。象形"。[图]小子射鼎，[图]墙盘，象襁褓中的幼儿形。"子"在甲骨文、金文中的写法很多，其中有画出几根头发的"小三毛"。最开始的"子"指刚生出的婴儿（大头娃娃），后指小男孩，再后来指男孩长大且有知识了，"子"后来成为有知识男子的通称或尊称，如老子、庄子、孔子、孟子等。"子"又借作地支（子、丑、寅、卯、辰、巳、午、未、申、酉、戌、亥）之一，这是后来的事情，与造字时的意图不相符。

《说文》小篆

了，liǎo，"了，尦也。从子無臂，象形"。清代王筠说：孑无右臂，孓无左臂，了无双臂，都从子变来。尦训行胫相交，即足胫缭（了）戾相绊，难以成事。后用为明憭之"憭"，有了然之义。

据《殷虚文字记》摹　　　簠地57　　　保鼎

子保觚　　　太保簠

保，bǎo，"保，養也。从人，从采省。采，古文孚"。保鼎，父丁簋，象母背襁褓婴儿形。孚金文作，以手

（爪）护子形。母亲把手放到背后，把襁褓里的幼儿紧紧地背在背上，生怕她的孩子受到一点点损伤，由此引申出"保护""保卫"等意思。比如说后来官名里面有太保，太保的职责是什么？君王或皇帝给太子请一个老师，即太保。这个老师的责任就是从太子很小的时候一天到晚保护着他，还要教他各方面的知识，这就是太保的职责。

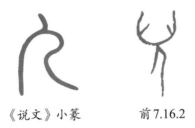

《说文》小篆　　　前7.16.2

儿，rén（ér），"儿，仁人也。古文奇字人也，象形。孔子曰：'在人下，故詰屈。'""人"作上下结构合体字构字部件时放在下部，故需曲笔，如"兒（兒）"字下部，前七·四○·二，《说文·儿部》："兒，孺子也。从儿，象小儿头囟未合。"所谓"头囟未合"，是指小孩儿生出来的时候，头骨中间有一块地方没有长合，也叫囟门未合。繁写的"兒"，上面就是头骨还没长拢的形象。囟门未合的地方很脆弱，所以有种儿时的习惯反应一直保留到成人，比如说，头顶上面东西可能要掉下来，人会赶快把头顶捂住，下意识地保护薄弱处。"兒"下边是个人，但不是一个大人，而是一个囟门未合的小儿。

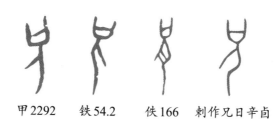

甲 2292　　铁 54.2　　佚 166　　剌作兄日辛卣

兄，xiōng，"兄，长也。从儿，从口"。前一·三九·六，佚二五七，人跪张口对天神祝告形，即"祝"之本字。主祝者为长者、长兄，故指兄长。古代宗法制实行嫡长子继承制，正室夫人的嫡亲长子才享有继承特权。古代祭祀仪式很隆重，而"兄"总是作为祭祀的代表或主持人。比如说父亲去世了，到祭父亲那一天，兄弟八个，谁在前面呢？自然就是长兄了。就是那个跪在前面、嘴巴朝天、不断祝祷的人。所以"兄"字再加一个"示"字旁就是祝福的"祝"。祝福的"祝"是一个祝愿的动作，完成这个动作的人就是兄，就是哥哥，也就是老大。比方说兄弟八个，第一个是兄，其他的都是弟弟，可以称二弟、三弟、四弟、五弟、八弟，却不能称一兄、二兄、三兄、四兄，因为兄只有一个，而弟弟可以有很多。

乙 8818　　乙 484　　库 453　　燕 128　　沈子它簋盖

弟，dì，"，韦束之次弟也。从古字之象"。乙八八一八，应公鼎，一根木棒用草绳按顺序缠束，表示次第。所谓"韦束之次弟"，中间是棍子，周边缠绕的都是绳子。用绳子去缠棍子时，会缠出一圈一圈的纹路。上面说到有很多弟弟，也是有顺序的，比如二弟、三弟、四弟、八弟等。"弟"字也可用来表示序数词，再后来，为了与兄弟的"弟"相区别，次第的"第"用形声字表示。"第"从竹，最初当指竹简的次第，因为竹简需一条一条地写，写完后按顺序编起来，如果把它的顺序搞乱，书就读不通了。后来，"弟"专门表示兄弟的意思后，"第"扩展到表示一切顺序，也表示序数词。

后2.35.2　　前4.46.1　　前2.2.6　　后2.35.5　　叟季良父壶

老，lǎo，"，考也，七十曰老。从人毛匕，言须髮变白也"。珠一〇〇八，后下三五·二，峯叔匜，象长发白须躬背拄杖的老人形。"老""考"同。"七十曰老"，七十岁的人也叫老人，老人也称"考"。"考""老"两字本来是一个意思，考老考老，古代有一种读法klao，我想，古代当有一个读法是复声母kl，正如墙的"角"叫旮旯，"孔"叫窟窿。身体发肤受之父母，所以头发是不能轻易剪的。古人认为头发越长人就越老，而越老的人越有知识。因为古代人的财富、知识、地位都由老人掌握，敬老非常受重视。儒家的核心就是孝，字形上，上为老（耂），下为子，孝就是养老、敬老。"考"字和"老"字上面都从"耂"，只不过下面的拐杖一个往右拐，一个往左拐，说明这两个字在过去就是一个字。所以《说文》训"老，考也"，"考，老也"，这也就是后来所说的转注。转注就是二字音义可以转相训释。一个词义用两个字形，显得有些浪费，于是后来产生分工，活着的叫"老"，死去的才叫"考"。墓碑上往往会看到写着"故显考"，"考"指的就是死去的人。

林2.26.7　　窑长方鼎　　作长鼎　　长甶鼎　　史墙盘

長（长），cháng，"𨱗，久遠也。从兀，从匕；兀者，高遠意也，久則變化；亾聲，𠤎者，倒亾也"。𨱗后上一九·六，𣱟林二·二六·七，象长发拄杖的长者形，突出头发之长。这个头发长也寓意他的知识长、各方面的经验长。在字形构造上，它也是一个老人手里拄着一个拐杖，与"考""老"通。"长"同时又念zhǎng，就是长辈。长辈是管事的，后来就把管事的人叫"长",比如县长、省长、班长等,这是引申义。"长"的大致分工是:读 cháng 时,主要作形容词;读 zhǎng 时,主要作名词。

乙7817　　佚29　　　天亡簋　　　臣谏簋　　兆域图铜版

亾（亡）,wáng,"𠤎,逃也。从入,从𠃊"。𠤎_{前二·一}五·五,𠤎天亡簋,人逃入(入)屈曲隐蔽处(𠃊)躲藏。这很像小时候小孩子躲猫猫,他跑到墙角躲着,你就找不到他了。所以古人的"亡"最初不是死的意思,而是不见了。另外,你从原地离开,躲藏到隐蔽处,原有的地方就没有你了,也是亡去。古人说"亡国",是说从自己的国家流亡到其他国家去。现在这个"亡"经常用来表示死亡,表示从人世间亡去。但很多时候,"亡"依然表示没有了或不见了,比如说逃亡、亡佚。再如"亡"加个"心"字底便是"忘",表示某些东西在心里不见了。从"亡"到"忘",开始只是读音平声与去声的区别,后来才出现字形的分化。

二、"人"的变化

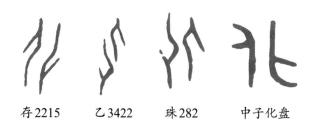

存 2215 　　乙 3422 　　珠 282 　　中子化盘

七, huà, "⺀, 變也。从到人"。即化, 续存二二一五, 人倒立, 变化莫大于倒转。化是大变, 古人用一个极为简单的方式表达了"化"的深意, 一个人正常的情况下头是朝上的, 现在让他头朝地。一个头朝上一个头朝地, 这是颠覆性的大变化, 构字意图一目了然。先只一个倒人形"七", 后加一个头朝上的人为参照系, 作"化"。"化"一定是要发生很大的改变, 化学变化是质的变化, 比物理变化更剧烈, 所以前者要用"化"来为其学科命名。这么复杂的一个概念, 却用这简单的方式传达出来, 足见古人的智慧。

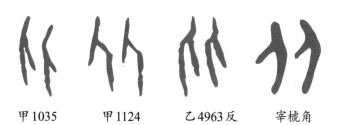

甲 1035 　　甲 1124 　　乙 4963 反 　　宰椃角

从, cóng, "𠈌, 相聽也。从二人"。𠈌后上二七·七, 会二人相跟从之意。一人在前一人在后，前面的人说了话，后面的人就答应并顺从，所以是"相听也"，就是现在"跟屁虫"的意思。相从随行的意思，后来又加"辵"作"從"，辵，即今"走之底"，表示脚板（止）在路上（彳）。今简化后只作"从"了。

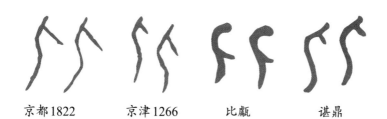

京都1822　　　京津1266　　　比甗　　　谌鼎

比，bǐ，"〳〳〳，密也。二人爲从，反从爲比"。〳〳京都一八二二，二人并列形。"从"字是一个人跟着一个人，这里是两个人并排，强调紧密有致。要比较就得并排挨着来对照，才能分出高下，所谓"相形"才能"见绌"。比如唐诗有"海内存知己，天涯若比邻"句，"天涯若比邻"的意思是说，虽然我们隔得很远，但心里是挨着的。"比"就是"邻"，"邻"就是"比"，故有成语"鳞次栉比"。"比较"一词中的"比"用的是引申义，与《说文》所释字源意义"并排挨着"有了一定差距。

后2.3.16   菁6.1   吴方彝盖   北单铙   北罕

北，bèi，"⚕，乖也。从二人相背"。⚕粹三六六，二人相背形。前面说，"从"是一个人跟着一个人，"比"是两个人并排，而"北"就是两个人背对背。背对背就是相背，表示相反。比如《过秦论》中有"追亡逐北"一说，所谓"逐北"，就是追击逃跑、落败的敌人。吃了败仗又叫"败北"，不是说败了往北方跑，而是说打仗本是面对面的，败了就转而背向对方、往战场相反的方向逃跑。《国语》里面有"三战三北"，说的也是这个意思。后来"北"被借去表示方位北方，就加了一个"肉"作"背"来表示本义。注意，"背"下是"肉（⚕）"不是"月（⚕）"，月是半边月亮形，肉是一大块排骨肉形，二者的小篆字形混同了。"北"下加"肉"作"背"，是为了与方位"北"相区分。

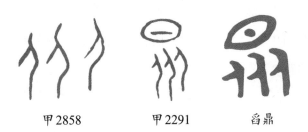

甲2858   甲2291   舀鼎

仦，yín（zhòng），"𣲔，众立也。从三人"。𣲔甲二八五八，三人并立形，表示众多。"众"从仦，𤡮前七·三〇·二，众人在烈日下劳作形。我们今天的"众"也是写成三个人的样子，而简化之前的"眾"，在甲骨文中又写成一个太阳底下三个人的模样。可以看出，最早的"众"，应是一大群在炎炎烈日之下干活的奴隶、俘虏。奴隶社会这种状况很常见，那时"众"的地位是很低的。后来把上面的日头省去了，又变成"众"了。

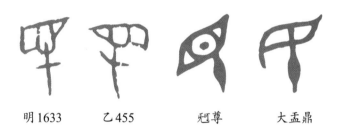

明 1633　　乙 455　　砢尊　　大盂鼎

民，mín，"𤫩，众萌也。从古文之象"。𤬝盂鼎，𤬝中山王壶，有人说是用锥刺奴隶一目使盲。西周称奴隶曰民、曰臣，"民"亦作"氓"，"氓""盲"音同。《诗经》里说"氓之蚩蚩，抱布贸丝"，"氓"本指失去了家、失去了国而被别人掳去做了奴隶的人。奴隶主一般都很残酷，女奴就在头上给戴个刑具"辛"，就是上面讲到的"妾"；男奴就要参与集体劳作，就是上面讲到的"众"。为了防止奴隶逃跑，奴隶主便将奴隶的眼睛弄瞎一只，这就是最开始的"氓"。古人残酷的刑罚比较多，我们从这个字形里能窥其一斑。

铁75.1　　乙222　　父壬爵　　吕方鼎　　汤叔盘

壬，rén，"壬，位北方也。陰極陽生，故《易》曰：'龍戰于野。'戰者，接也。象人裹妊之形。……壬承辛，象人脛，脛，任體也"。工前三·一九·三，工高攸从鼎，古鉢文作壬，象绕线卡，或谓横转中象人荷担形状，均为担任的意思。妇女怀孩子也叫妊娠，肚子里装着个胎儿，担子里挑东西，道理相通，所以"任""妊"同。后来借作天干字（甲、乙、丙、丁、戊、己、庚、辛、壬、癸）。

《说文》小篆"勹""包（胞）""孕"　　佚586　　燕601

勹，bāo，"勹，裹也。象人曲形，有所包裹"。古币文作⌒，象双臂弯曲有所包裹形。

包，bāo，"⑨，象人裹妊。巳在中，象子未成形也"。

"勹"中有子，妇人怀孕形。可见"包"本来的意思就是同胞的"胞"，是"胞"的本字。"勹"是妈妈的肚子，"巳"是腹中的胎儿。肚子把胎儿包着，由此引申出其他各种各样的包，如包裹、包袱、包庇等。扩展义用多了以后，为了区别，就在"包"旁再加一个"肉"（表示身体）作"胞"来表示其本义。其实早期的"勹"就是后来的"包"，而早期的"包"就是后来的"胞"。"勹-包""包-胞"是两对古今字。我们说"大道至简"，造字要为大家所用，就必须简明而一目了然。

后 2.18.10　　　　林 1.24.14

壬，tǐng，"𡈼，善也。从人、士。士，事也。一曰象物出地，挺生也"。𡈼后下三九·一，人挺身立土上远望形。"望"字从壬，𦣞土上盉，会人挺身睁大眼睛远望月亮之意。注意"壬"与"壬"的区别："壬"表示担任，中间的一横长一些；"壬"表示挺立，中间一横短一些。

明2065　　燊作周公簋　　己重爵　　　重爵　　　重父丙爵

重，zhòng，"䍃，厚也。从壬，東聲"。䍃井侯簋，人挺身背负重物的样子。这个"東"是什么？其实就是一种两头扎紧、中间盛物的袋子，也叫"橐"。假如这里面装的是200斤大米，让你背着它，就会有两种感触：一是感觉它很沉，分量十足，这时念作zhòng，表示沉重；一是感觉它把你压得很紧，和你叠压在一起，这时念作chóng，表示重叠。从构字意图很容易看清"沉重"和"重叠"二者之间的关系。再如杜甫的《春夜喜雨》："晓看红湿处，花重锦官城。"诗里的"重"当念zhòng而不念chóng。这就需要了解文字构造及其使用的基本道理，然后再根据语境，具体诗句具体分析，来确定这个字怎么读，否则就会产生很多麻烦。因为一个汉字往往可以表示多个意思，比如行走的"行"，在台湾版《中文大辞典》中居然有160多个义项。一个简单的词，经不断引申，义项越来越多，就可产生很复杂的同源词族。只有知其源才能理其流，源不通，流也就不通了。

《说文》小篆　　睡·日甲64背

　　卧（卧），wò，"卧，休也，从人、臣，取其伏也"。
足肾灸经一五，古人席地而坐，过久则累，便侧靠在几上，以
手支颐而休息，所以横着的目（ ）竖起就像"臣（ 前
四·一五·四、 乙五二四，象一只因侧头而竖着的眼睛）"。此即
《孟子·公孙丑下》所谓"隐几而卧"，就是人侧靠在矮几上
休息，这样眼睛就竖着（臣）了。后来"卧"干脆就表示躺
下了。

三、人体

集成2731　　𫓧簋　　师酉簋　　师酉簋

　　身，shēn，"𨈙，躳也。象人之身。从人，厂聲"。 叔向
簋，象有身孕形。《诗经·大雅·文王》："大任有身，生此文

王。"有身"就是怀了孩子。母亲挺着个大肚子，一看就知道。人的主要部位在中间（腹部或躯干），所以"身"延伸用来表示整个身体，就渐渐有身孕、躯干、身体、身份等多个意思。有人说"身"好似贵族大腹便便形，可备一说。

保卣　　虢叔作叔殷毂簋盖　仲殷父簋

月，yī（yīn），"𣎽，归也。从反身"。用"身"字的反形表归依，后作"殷"。🔹虢叔簋，以手持针（殳）刺大肚子（月），血流殷红，是为殷。或说"月"为"身"的反文，表示肚子大。吃得多，肚子就大，大得跟怀了孩子一样，这就叫殷富。很有钱就叫殷实。殷商的"殷"也是这个字。

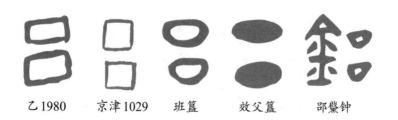

乙1980　　京津1029　　班簋　　　效父簋　　邵鬻钟

吕（吕），lǚ，"吕，脊骨也。象形"。🔹乙一九八〇，象人两节脊椎骨形。两节成偶，则为伴侣的"侣"的初文。

乙4293　　　　王仲皇父盂　　　曾侯乙35

　　尾，wěi，"，微也。从到毛在尸後。古人或饰系尾，西南夷亦然"。🧍乙四二九三，初民狩猎归来，饰以动物皮、尾，舞蹈欢庆。再如仆人的"僕"，🪶后二·二〇·一〇，不仅头戴"辛"，后面还有一个尾巴。再比如"隶"，🪶邵钟，《说文》："持尾者从後及之也。"表示用手去抓尾巴。后来又加个走之底"辵"，就成了逮捕的"逮"。秦始皇统一六国后，"书同文"，统一书写篆书。篆书后来又变成隶书。为什么叫隶书呢？据说是秦统一天下之后政务文书繁杂，单靠秦政府官吏用篆文根本写不过来，就让六国中会写字的奴隶帮忙书写。他们在写的过程中为图便利，就将篆文的笔画写走了样，造就了一种新的简便字体——隶书。所以说，隶书就是奴隶写的字。

甲1823　乙215　佚11　包山2.255

肉，ròu，“，胾肉。象形”。甲一八二三，象大块肉形。“肉”与“月”字形相似，作合体字偏旁，篆书混为“月”。

粹1306　掇1.432　冎父口斝

冎，guǎ，“，剔人肉置其骨也。象形，頭隆骨也”。粹一三〇六，象剐肉所留骨架之形。“冎”加“刀”为“剐”，“冎”与“剐”为古今字，“剐”就是用刀把肉从骨头上割下来。

包2.152　仰25.30　睡.日甲55背

骨，gǔ，“，肉之覈也。从冎有肉”。江陵楚简，用肉

衬托剐完的断骨头。在凸下加一个肉，是说这东西长在肉里边，肉是作为衬托的。实际上"骨"也与"剐"同，就动作而言作动词"剐"，就剐的结果而言作名词"骨"。

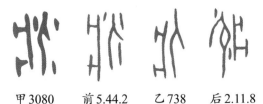

甲 3080　　前 5.44.2　　乙 738　　后 2.11.8

疒，nè，"疒，倚也。人有疾病，象倚箸之形"。乙七三八，粹一二六八，会人卧床有脓血或虚汗流出、生重病之意。疒，就是我们现在所说的"病字头"。病字头左边的是"床（爿）"，一点一横（亠）实际上是"人"的变形。古人席地而卧，一旦睡到了几案一样的木板床上，就说明病得不轻了。甲骨文在卧病的"人"旁还加有一些点，代表出冷汗或者出血，说明病得着实不轻。

宁沪 1.70 《说文》小篆"奴""残"

奴，cán，"奴，残穿也。从又，从步。读若残"。宁沪一·七〇，会手持工具击骨使碎之意。"奴""残"相通。

甲 346　　　乙 8812　　　京津 419　　　《说文》古文

歺，è，"卢，剐骨之殘也。从半冎。讀若櫱（niè）岸之櫱"。卢乙八八二八，象剐完肉后的残骨之形。

甲 1165　　　乙 105　　　前 5.41.3　　　大盂鼎

死，sǐ，"肌，澌也，人所離也。从歺，从人"。肌前五·四一·三，一个人跪在一具枯骨旁，是生人拜骨之象。如何表示死亡呢？人死了之后自然要烂掉，最后就只剩下骨头了。我们的古人很聪明，就用死后只剩枯骨的状态来表现死亡，简洁易晓。

铁 35.2　　　前 7.30.2　　　粹 1187　　　乙 405　　　大盂鼎

尸，shī，"尸，陳也。象臥之形"。尸作父己卣，象人坐几案旁之形。这不是尸体的"尸"（本作"屍"）。古代祭祀时，以活人代亡灵受祭。这个活人受祭时是端坐着的，即尸，有成语"尸位素餐"。比如说长辈死了，到了祭奠长辈时，怎么办呢？古人便想了个办法，通常让一个晚辈来代替长辈受祭。受祭时得让他好好坐着并摆开架势，以示长辈音容宛在，而这个代替长辈受祭的晚辈就是"尸"。"尸，陈也"，就是受过训练的晚辈陈列于长辈之位，即"尸位"。

甲3343　　菁5.1　　前4.18.6　　鬼作父丙壶

鬼，guǐ，"鬼，人所歸爲鬼。从人，象鬼頭，鬼陰气賊害，从厶"。菁五·一，前四·一八·六，鬼作父丙壶，祭祀时用人戴面具装扮，表示已死祖先的亡灵存在。鬼是什么样子，谁也没有见过。那如何表现鬼呢？鬼者，人魂所归，归去就是鬼。这是个抽象的概念，不好表现。古人造字"近取诸身"，总是拿与人最贴近的生活经验来构思字形。鬼是人变的，故鬼字的下部与人一样；但鬼终归与人不同，就将鬼的面部画成恐怖奇怪的模样以示区别，就跟傩舞祭祀者戴假面具一样，这也是文字构形所体现出的古人匠心与智慧。

此外，"文"和"字"也属于"人"类基础字形，前文已经讲过了，在此不赘述。

第三讲　身体器官类基础字形讲析

上一讲对"人"类基础字形进行了讲析，这一讲的基础字形与人的局部或人的身体器官有关。"近取诸身"，人的身体器官在字形构造中频频出现，构字很多。分类说解如下：

一、头及脸面

| 乙3401 | 乙6419 | 前6.7.1 | 农卣 |

首,shǒu，"𦣻，百同，古文百也。巛象髪，謂之鬊（shùn），鬊即巛也"。乙三四〇一，沈子簋，象人（兽）带毛发的头颅形。就文字本身的构形而言，"首"可以指人首，也可以指动物首；而"頭"从页（𩑋），原本只是指人头。

柏23　　　前 6.17.7　　　掇 1.87

百，shǒu，"，頭也。象形"。象头颅形，与"首"同，只不过"首"带毛发（巛），而"百"则无毛发。

乙8780　　坊间 2.198　　卯簋盖　　信 2.05

頁（页），xié，"，頭也。从百，从儿"。乙八八四八，象人头形，下加儿（即人）以为衬托。从"页"构形的字都与头有关，如顶、颠（头顶）、题（额头）、颜（眉目之间）、领（脖子）、颈（脖子前部）、项（脖子后部）等。人们常说的"刎颈"就是割脖子前部，"望其项背"就是看脖子后部。又如硕（头大）、顿（点头）、顾（回头环视）、烦（头热痛），常说的"顿首"就是叩头，等等。

乙2601反　　　讲季献盨　　　叔作叔班盨盖　　　郑义伯盨

须（须），xū，"𩑶，面毛也。从頁，从彡"。易叔盨，人脸上的须毛，"彡"象其形，"页"为衬托。在一个人脸庞侧面长出几根长长的毛，就是"须"字所表现的状态。这个字亦可念shùn，顺利的"顺"和胡须的"须"本是一个字。"顺"字所从之"川"，与"须"字所从之"彡"，都表示面部的毛，只不过写法有所不同。古人对胡须很讲究，关羽称"美髯公"，曹操特赐他一个锦囊把胡须装起来。美的胡须当梳理顺畅，后"须"与"顺"字用法有所分工，名词胡须作"须"，形容词顺利作"顺"。

冉钲铖　　　　　师袁簋　　　　　具作父庚鼎

冄，rǎn，"𠕁，毛冄冄也。象形"。乙四五二五，冉鼎，象须毛细长飘逸貌。京剧里把挂在鼻子下的假胡须叫髯口，实际上就是"冄"的形象。"冄"又作"冉"，借用作冉冉升起的"冉"，又加"髟"为后起字"髯"。

子禾子釜　　中山王𦣩鼎　　𪾢盗壶　　大盂鼎

而，ér，"𠕁，颊毛也。象毛之形。《周禮》曰：作其鳞之而"。王引之《经义述闻·周官下》："而，颊毛也；之，犹与也。作其鳞之而，谓起其鳞与颊毛也。"𠕁中山王𦣩鼎，象两颊须髯下垂形。"而"借作连词，又加"髟"为后起字"髯"。

髟，biāo，"𣮰，长发猋猋也。从长，从彡"。小篆作𣮫，象发长垂飘飘之貌。作名词"髟"就指长头发。跟毛发有关的字都从髟，如鬓、髪、鬍鬚等，后来"髪""鬍鬚"简化为"发""胡须"。

縣妃簠　　邵鸞钟　　曾侯乙2

鼎（県），jiāo（xuān），"𢄐，到首也。贾侍中说，此断首到縣枭字"。"到首"就是把脑袋颠倒过来，表示砍头倒悬，也作"縣"。縣妃簋，似在一棵树上用绳索悬着一颗头颅。"縣"后来用作行政机构的名称，如秦始皇设三十六郡，郡下辖縣。"縣"本表示杀头悬挂以示众，而拥有这种权力的国家机构原先就是縣，后来的縣官也是可断案杀头的。"枭"的动词悬挂义又作"懸"，加"心"字底表示心里悬着放不下。可见"枭""縣""懸"连理相通，"枭–縣""縣–懸"为两对古今字。今弃"枭"不用，将"縣""懸"简化成"县""悬"，其中蕴含的文字构形信息就难以看出了，但只要回溯到字形构造上，其文字构形及发展关系便一目了然。

甲 415　　　　甲 2375　　　　睡．法 204

面，miàn，"圎，颜前也。从百，象人面形"。◎甲二三七五，人面部。外为面框，内"百"为面颜。甲骨文"面"字中间是眼睛，用以明确指示外框为脸部，而非其他。脸部也可写作"白"的模样，底下再加个"人（儿）"，作兒，就是表示面貌的"皃"。"面貌"本不用"貌"，貌从豸，是指野兽的脸。指人脸则用从人的"皃"。"皃"字上面就是一张脸

（白），即面，指面相、相貌，"面"和"兒"是相关的。

铸子叔黑臣簠　　　《说文》籀文与篆文

臣，yí，"𦣞，顄也。象形"。異伯簋，人的腮颊。"臣"加"页"作"颐"，"臣"与"颐"为古今字。"颐"就是脸颊两边那个红润的地方。古人以丰颐为美，"丰颐"形容美女脸颊丰满，是夸赞人的用词。

二、眼、鼻、耳

铁16.1　　　前4.32.6　　　后2.34.5　　　𦣞目父癸爵

目，mù，"目，人眼。象形，重童子也"。甲二二九，眼睛的样子。眼睛本来是横着的，甲骨文、金文表现得很清楚，但横着写（罒）太宽了，显得不美观，后来就把它立起来写成了"目"，这反映出方块形汉字在构形上兼顾美观与实用的特点。

眲亚且癸鼎

眲作父癸鼎

湆嗣土逘簋

眲，jù，“，左右视也。从二目。讀若拘，又若‘良士瞿瞿’”。眲作父癸鼎，瞪大双眼惊视。又《说文》：“瞿，鹰隼之视也。从隹，从眲，眲亦聲。”老鹰、猫头鹰之类的猛禽，双目炯炯有神，顾盼自雄。

甲2124

前4.34.6

見尊

贤簋

珉方鼎

見（见），jiàn，“，視也。从儿，从目”。后下一一·一，珉方鼎，会看清之意。眼睛睁得越大看得越清，故“见”字下面是人，上面是一只大大的眼睛。“看”和“见”，意义不一样。“看（）”，就字形而言，是以手遮光，放眼瞧去，但无法确定是否能够看到；而“见”一定是看到了，并且看得很清楚。与“看”近似的还有“视”，比方说“视而不见，听而不闻”，大意是，虽然看了却没看分明，虽然听了却没听进去。“见”

分二义：主动去看清对方为"见"，读 jiàn；展示给对方看清也为"见"，读 xiàn。后来字形区别，展现义加"玉"旁作"现"，把宝玉展现给人看，在展现义上，"见"与"现"为古今字。

有这样一个故事，有个美国人带着翻译来中国，到一个中医世家做客，见其匾额上题着"华佗再见"四个大字，就问上面写了什么，那翻译随口就答道："Goodbye，Hua Tuo！"弄得外国人莫名其妙。其实"华佗再见"就是"华佗再现"，即神医华佗再世之意。

拾 14.3　　　　　明 1854　　　　　小臣謎簋

眉，méi，"𥄉，目上毛也。从目，象眉之形，上象额理也"。𥄉甲五，突出目（眼睛）上的眉毛。"眉"字在甲骨文金文中要画出眼睛，如果不画出眼睛，就无法确定上面的笔画是刷子还是毛毛虫，眼睛上画刷子，就能够确定是眉毛了。这种构字法叫"依附象形"。女子的眉毛很漂亮，有"蝤首蛾眉""眉黛青颦""远山芙蓉""婉转柳叶"等说法。美女抛媚眼很妩媚，为了形容女子楚楚可怜，就在"眉"旁加了个"女"，也就是"媚"，金文作𡟬，《说文》："媚，说（悦）也。"

甲 2904　　铁 175.1　　乙 524　　臣辰父癸鼎　　父乙臣辰鼎

臣，chén，"臣，牽也，事君也。象屈服之形"。⿰臣目菁三·一，⿰臣目鼎，俘虏、臣服者伏地，不敢正面抬头，就侧面抬眼看主人，眼睛就是竖立着的，故以竖着的眼睛指代其人。

续 1.14.3　　引作文父丁鼎　　臤父癸簋　　臤且丁爵

臤，qiān，"臤，堅也。从又，臣聲。讀若鏗鏘之鏗，古文以爲賢字"。⿰臣又臤父癸簋，会以手抑之，使臣服之意。用手抑之，若臣服则为"賢"；若不服则为"堅"为"鏗"，按下去（又）抬起头瞪眼（臣）看。人刚强为"臤"，土刚强为"堅"，金刚强为"鏗"，其道理相通。

甲392　　　前3.27.7　　　臣卿簋　　　矢令方尊

自，zì，"自，鼻也。象鼻形"。自前六·五八·一，为鼻的本字，后用于自指，表示人称代词"自己"。在运用肢体语言时，说自己时常情不自禁地指向自己的鼻子，"自"就借用作第一人称代词了。为与本义区分，后来就在"自"字底下加了一个声符"畀"，造"鼻"字以表示鼻子。

前2.18.6　　　前2.19.1　　　坊间4.158　　　郭.五.45

鼻，bí，"鼻，引气自畀也。从自、畀"。"自"的后起形声字，即"鼻"字。

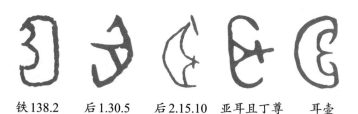

铁138.2　　　后1.30.5　　　后2.15.10　　　亚耳且丁尊　　　耳壶

耳，ěr，"目，主聽也。象形"。⟨后上三〇・五，亚耳且丁尊，象耳朵形。许慎训"主听"，与"口"的定义方式一样，是从该器官的主要功能上加以定义的。"闻"字从耳，门声，耳听门后声音，今"新闻"的"闻"还使用构字本义。

三、口、舌、齿

甲 1193　　　甲 1215　　　亚古父己卣　　　口尊

口，kǒu，"凵，人所以言、食也。象形"，象人嘴巴形。"口"主要是指人的嘴巴，因为动物的嘴巴有时候不叫口，如鸟的叫"喙"。口是人用来说话和吃东西的，许慎说"人所以言、食也"，其中"所以"就是"以所"，即"用它"。两千年前，许慎就能够以"言、食"功能作界说，将口的含义解释得一清二楚。口的字形也巧妙，人嘴巴（口）动时，上嘴唇是不动的，下嘴唇则随嘴巴的开合而变形，故凵上一笔短，下一笔为长弧线。

包山 2.271

凵，kǎn，"凵，張口也。象形"。象嘴巴张开形。一说象地坎形，上面是开着的。

九年卫鼎　　《说文》或体

谷，jué，"谷，口上阿也。从口，上象其理"。象噘嘴巴时唇上弯之纹。注意不要将此字与"谷（谷）"字形混同。

吅，xuān，"吅，驚嘑也。从二口。讀若讙"。用二口相并表示喧哗、喧闹。"吅""喧"同，"吅"为会意字，"喧"为后起形声字。

甲 933　　　　铁 246.3　　　由伯尊

曰，yuē，"ㄩ，词也。从口，乙声，亦象口气出也"。前六·四八·五，表示口中有话出。古人说话不叫"说"，而叫"曰"。子曰："学而时习之，不亦说乎?"这里的"曰"是"说"的意思，而"说（yuè）"本是快乐的意思。"曰"字下面是人的嘴巴（口），上面是出气的样子（乙）。曰在古代汉语中又用作语气词，故《说文》云"词也"。

郭.性.29　　　郭.性.30　　　睡.日甲155背

哭，kū，"哭，哀声也。从吅，狱省声"。段玉裁《说文解字注》："哭本谓犬嗥，而移以言人。"一说为长发人前后有口，象服丧时撑踊痛哭之形。《说文》谓"哭"字为"狱省声"，是说"哭"字底下原本不是"犬"，而是"狱"简省为"犬"。"狱"繁体为"獄"，中间是"言"，两边都是狗（犬）。"狱"就是官司，《诗经》里的"何以速我狱"，就是指打官司。打官司有可能是被告与原告对吵，就像两犬相争一样，这正是"狱"的构形意图。打官司之后，往往就有一方要被关押看管起来，关押看管的地方就是监狱，但这些都是后世之事。有泪无声谓之"泣"，有声无泪谓之

"号"，声泪俱下谓之"哭"。笔者认为，是否有可能是输了官司要被关进监狱而痛哭不止，从而训"哀声"呢？

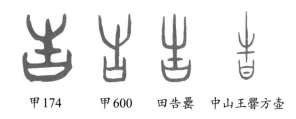

甲174　　　甲600　　　田告罍　　中山王嚳方壶

告，gào，"𠛯，牛觸人，角箸横木，所以告人也。从口，从牛。《易》曰：'僮牛之告。'"𠛯粹四，刚长出角的牛（僮牛）会顶人，就在它角上绑上横木棒，使其不易伤人，且告示人们提防它。有人说"告"为牛口上带罩以防牛吃庄稼，同"牿"，"告"与"牿"为古今字，此种观点也有其道理。

甲1839　　甲475　　　遹簋　　　大盂鼎

古，gǔ，"古，故也。从十口，識前言者也"。年代久远的事，由众口相传下来，可谓"十口为古"。我国著名的文字学家唐兰先生认为，中是盾牌形，用来表示坚固，则"古"与"固"为古今字，此亦为一种较合理的说法。

뭙，jí，"뭙，眾口也。从四口。讀若戢，又讀若呶"。"뭙"会众多嘴巴叽叽喳喳之意。此外，喧器、甚器尘上的"器"，也是一个"嘴巴"非常多的字。《说文》说："嚚，聲也。气出頭上，从뭙从頁。頁，首也。"四个嘴巴（뭙）绕着一个脑袋（頁），就好比四个爱说话的人围着一个木讷的人，叽叽喳喳地说个没完。

后1.24.10　　　乙4550　　　珠790　　　舌方鼎

　　舌，shé，"뭙，在口，所以言也，別味也。从干，从口，干亦聲"。뭙乙二二八八，象蛇舌伸出口开叉之形。蛇舌开叉且其牙有毒，初民山居畏蛇，《说文》解"它"说："上古艸居患它，故相問：'無它乎？'""它"即蛇类。蛇舌的形象最为典型，可作舌的代表。"舌""蛇"古音相近。此外，初民山居野处，豺狼虎豹可防而蛇难防，对被蛇咬的印象特别深刻，故以蛇舌造字，这就是"舌"的构形之所以开叉的原因。

甲499　　乙766　　伯矩鼎　　中山王霉鼎

言，yán，"，直言曰言，論難曰语。从口，辛聲"。前五·二〇·三，中山王霉鼎，口中出舌，舌前有音（或曰声气）即为言。言和音过去是一个字，二者不仅形近，而且读音也相近。人们一般认为，音是一切发出的音，言则是有意义的音。严格来说，动物有音而无言，只有人才有言。所谓"动物语言"，只不过是比拟的形象说法。再比如老师给学生讲课的声音，是有意义的，所以是用"言"跟大家交流；而如果课堂上某位同学睡懒觉，鼾声如雷，声音虽大，因为没有意义，也只能算是"音"，这就是"言"与"音"的关系。

秦公镈　　徐王子㳠钟　　曾侯乙钟

音，yīn，"，聲也，生於心，有節於外謂之音。从言含一"。"言""音"本一字，后音变分化，"音"字在"言"字下

"口"中加"一"。不带意义的美妙声音，可以称为"音乐"，而不能称为"言乐"；在特定场合用声音发表有意义的信息，叫作"发言"而不叫"发音"。只有弄清楚"音"与"言"的区别，才能对这两个字各自的构词及其日常运用有更深刻的认识。

佚985　　前5.41.5　　竞器　　戜簋　　缺钟

誩，jìng，"誩，竞言也。从二言。讀若競"。秦刻石作，诅楚文，二人各以己言相争论。"誩"为现代汉语"竞争"中"竞"的本字。"竞"本作"競（競）"，二人（儿）上加言（言），变作"競"，简化字省一边作"竞"。"誩""競（競）""竞"为同一字。

甲3065　　铁191.4　　匽侯旨作父辛鼎　　盠驹尊

旨，zhǐ，"旨，美也。从甘，匕聲"。京都七三A，　受季良父壶，羹匙（匕）舀美食入口不舍下咽（甘），后由味美转而表示旨味、主旨。

乙 7762   乙 9026   包 2.239

甘，gān，"甘，美也。从口含一。一，道也"。口中（口）含美味之物（一），舍不得吞下。所谓"一，道也"，是指好味道。"旨""甜"均从甘。

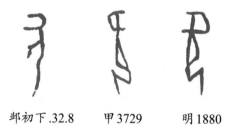

邺初下.32.8   甲 3729   明 1880

欠，qiàn，"欠，張口气悟也。象气从人上出之形"。明一八八〇，象人张大嘴呼吸气、打哈欠的样子。凡从欠之字，均与张口呼气或吸气有关，如歎、歌、歡、吹等是张口呼气，歠、歙、歆等是张口吸气。

后2.42.6　　　《说文》古文　　《说文》籀文

次，xián，"㳄，慕欲口液也。从欠，从水"。㳄上方镜二，人贪羡而张口流涎水，后作"羡""涎"。羡慕的"羡"本当作"羡"，底下从"㳄"不从"次"，即看人家吃羊肉（羊）而张大嘴巴流口水（㳄），"羡"，从羊，㳄声。"慕欲口液"，通俗地说，就是羡慕人家吃东西而不断流口水。现在方言俗话中还将小孩想美味想得口水直流叫作"欠得滴馋"，"欠"实际上就是"次""羡"，"馋"就是"涎"。

菁4.1　　　甲205　　　乙2482　　师友1.94　　佚648

歓（饮），yǐn，"歓，歠也。从欠，酓聲"。歓甲二〇五，会人伸长舌于坛（酉）喝水或酒之意，字形非常生动。现代汉语将其简化作"饮"，左边成了食字旁，虽然酒、食不分家，但与饮酒水的本义亦有所不同。

库1945　　　前4.33.6　　《说文》古文

无，jì，"𣱷，歛食气屰不得息曰无，从反欠"。🖼前
四·三三·六，意为吃喝时气向上逆行而不能顺利通过咽喉。"既"
字从皀，从无（无亦声），🖼佚六九五，"无"像人吃得过饱扭头
向外透气的样子；"皀"就是食物的"食"的下部，是个饭盒。
"食"字上部为嘴巴，下部为饭盒，将饭盒的食物放进嘴里就
是食。"既"的本义是人在食盒边吃饱了，扭头不吃了。"食既"，
意思是饭吃完了。凡是用"既"的，表示事情已经完成了。如
"既然"的意思就是"已经这样"，作为连词后面连接已经完
成的事实。与"既"义相反的是"即"，🖼甲七一七，意思是一
个人把头伸到饭盒里去吃。对此有两种解释：一种是要吃还
没吃，有可能吃；一种是正在吃。前者表示将来时或假设，如
即将、即便、即使；后者表示进行时，如即刻、即位、即兴。

甲2319　　铁80.3　　中山王方壶　　齿父己鬲　　齿兄丁觯

齿（齒），chǐ，"齒，口断（即龈字）骨也。象口齿之形，止声"。后下五三，中山王方壶，象门齿之形。人是长牙齿的，通常来讲，人几岁年龄长几颗牙齿是有定的，所以年龄的"龄"字从齿，令声。人们常说座席"序齿"，就是按年龄的大小排序。一般来讲，要判断牲口的年龄，往往只需看它嘴里长了多少个齿就够了，长了几个齿就是几岁。不过就现代人而言，根据牙齿来判定年龄已经不准确了，因为人的饮食内容和习惯相差很大，齿的多少与年龄的大小已经不能一一对应了。此外，有个表示小孩七八岁年龄的词叫"龀"，"龀"从齿，从匕（化），就是换齿，指小孩乳齿脱落而长出恒齿。《愚公移山》中说愚公家隔壁有个孩子，支持愚公移山，即"始龀，跳往助之"，"始龀"就是开始换齿，指七八岁的孩子。

屚敖簠盖　　师克盨　　　曾165　　《说文》古文

牙，yá，"牙，牡齿也。象上下相错之形"。师克盨，象大牙交错形。"牙"和"齿"常被相提并论，甚至混为一谈，但齿跟牙原本并不一样。《说文》说"牙，牡齿也"，说明"牙"专指现在所说的大牙，而"齿"则指门齿。齿前牙后，齿外牙内，齿单牙双，齿切牙咬，这是二者之间的主要区别。"犬牙交错"，是说牙是双的、交错的（ ⊕ ）。"咬牙切齿"，是说前面的齿是单刃，用来切，后面的牙为双刃，用来咬。"唇亡齿寒"，是指齿在前面，嘴唇破了门齿就会风吹受寒。牙和齿部位、用途不同，在文字使用中是不能互换的。

四、心思

甲 3510　　师龢鼎　　散氏盘　　史墙盘

心，xīn，"⩜，人心，土藏，在身之中。象形"。♡甲三五一〇，⩜克鼎，象心脏形。心字作偏旁，在隶书中为了整体字形构形的美观，会发生变形，在字的左边为"忄"，如情、惭、愧等；在字的下部为"小"，如恭、忝等。

惢，suǒ，"惢，心疑也。从三心。讀若《易》'旅瑣瑣'"。心疑即多心，故从三心。或读ruǐ，同"蕊"。

囟，xìn，"⊗，頭會匘蓋也。象形"。象初生儿头顶盖骨（囟门）未合拢形，思、慮等和用脑有关的字从囟。

思，sī，"⿰，容也。从心，囟聲"。⿰心思君王镜，心与脑，究竟由谁主导思维，最初并不确定。古人看到动物刚刚被杀后心脏还在跳动，就简单认为"心"是思想器官，所谓"心之官则思"，很多有关思想、情感类的字都从心。后又发现心脏是供血的，思考当用脑而从囟。既然无法确定主导思维的是心还是脑，那就二者兼而有之，于是便产生了从心从囟的"思"字。思维的"思"，底下从心，上面从囟而不是从田。有人认为，"思"字的构形意为用心种田。这是片面地拆字解释，是不正确的。心为思维器官的观点产生较早，直到现在，人们还是将心和思维联系在一起使用，如心思、心理、心结、心灵、心想事成、心有不甘等。

五、手与动作

伊簋　　　不娶簋　　　无㠯簋

手，shǒu，"屮，拳也。象形"。屮师剺簋，象手掌五指形。手作偏旁在隶变后常常根据构形的需要发生变形，如"把"字"手"在左偏旁为"扌"，"看"字"手"在目上，"拜"字"手"分两边，"拳"字"手"在下部。

甲689　　　　又尊　　　　大盂鼎　　　　师旂鼎

又，yòu，"ㄐ，手也。象形。三指者，手之列多略不过三也"。ㄐ又盉，象右手侧面之形。"三指者"，当指大拇指、食指和中指，是右手侧面呈现的常见状态，所谓"略不过三"的解释恐不准确。"手"为五指，右手、左手只出三指，是因为执笔、握筷子、捏物都只用大拇指、食指和中指，无名指、小指多不用。

后2.5.15　　　　散氏盘　　　　子左爵

ナ，zuǒ，"ㄟ，ナ手也。象形"。ㄟ散氏盘，象左手侧面之形，为左手呈现的常见状态。左右手本为"ナ""又"，后来"又"多用作连词。《说文》："左，手相左助也。从ナ、工。""右，手口相助也。从又，从口。"人干活一般以右手为主，左手做辅助性工作，因此古人尚右，书写从右往左行，中原人服饰崇尚"右衽"。故主导者右手"从又，从口"作"右"，表示手口合作做事；辅助者左手"从ナ，从工"作"左"，表示辅佐右手做工。后来"左""右"代替"ナ""又"作名词，动词加"人"旁为"佐""佑"。"ナ又－左右""左右－佐佑"为两组古今字。

寸，cùn，"彐，十分也。人手卻一寸動脈謂之寸口。从又，从一"。彐，人手掌后退一寸至动脉处为寸口，其中一点（、）是用来指事的。寸作长度单位，也作手动作的示动意符。

尺，chǐ，"𡰪，十寸也。人手卻十分動脈爲寸口，十寸爲尺，尺所以指尺規榘事也。从尸，从乙，乙，所識也。周制：寸、尺、咫、尋、常、仞諸度量，皆以人之體爲法"。小篆作𡰪，指示肘至腕关节的长度为一尺，即小臂长度。古人以八尺作为一般人的身高。八尺为寻，二寻为常。"寻""常"都是长度单位。凡身高为寻者为普通人，称寻常或平常的人；凡身高与寻不相符者，是不寻常或非常的人。后来"寻常"多被用作形容词、副词，其长度单位义反倒少用了。

臼，jū，"𦥑，叉手也。从彐、彐"。𦥑为两手掌向下掬取物，与"匊""掬"同。

収（廾），gǒng，"𠬞，竦手也。从ナ，从又"。𠬞甲一二八七，左右两手向上拱合的样子。共同的"共"金文作𢍉，就是双手往上一起捧着器具的状态。"収"作偏旁在隶书构形中常常发生变形，如弄、奂、兵、奉、丞等均从収，而写法各异。

収，pān，"𢪒，引也。从反廾"。𢪒，会左右两手手掌往外，抓两边物体向上攀援之意。収字生动地表现出向上攀爬时两手呈现的状态，是"攀"的本字。

后2.20.10　　史仆壶盖　　赵簋　　几父壶

菐，pú，"𦥔，渎菐也。从𦥑，从廾，廾亦声"。"菐"与"僕"同，𢼾后二·二〇·一〇，"僕"是奴隶头戴罪枷（辛）、身后饰尾、双手（廾）持畚箕倒垃圾之形。这个字形原本很复杂，很晚才简化作"仆"。《说文》训"渎菐"，即繁杂琐碎之意，大概间接是指奴仆干活时的劳累、辛苦。

续5.5.3　牧共作父丁簋　亚共覃父乙簋　　禹鼎　　楚王酓肯簋

共，gòng，"𦫫，同也。从廿、廾"。𢪿牧共作父丁簋，两手奉酒等以供神，与"供""恭"同。又由两手共举引申表示"共同"。

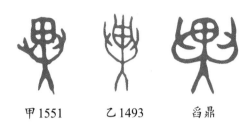

甲 1551　　　　乙 1493　　　　舀鼎

異，yì，"𤰔，分也。从廾，从畀。畀，予也"。甲
三九四，双手往头上戴鬼怪面具，表示"戴""怪异"之义。《说
文》训"分"，分就是分别，用来表示不同。一个人用双手拿
着一个面具戴在脸上，其中含有两个意思：其一是戴，其二
是显得奇怪而与众不同。简化字省作"异"，与《说文》中
训"举"的"异"字形混同。表示"不同"义，原本应该写
成"異"。

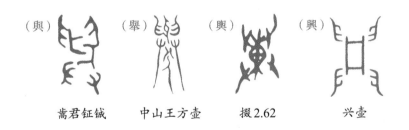

（與）　　　　（舁）　　　　（輿）　　　　（興）
嵩君钲铖　　　中山王方壶　　　掇2.62　　　兴壶

舁，yú，"𦥑，共舉也。从臼，从廾。讀若余"。众（四）
手同用，"舁"与"與""舉""輿"同。"舁"是两人相对抬物时，
四手所呈现的常见状态，四手力量交合，表示都参与。"與"
从舁，从牙（与）。"輿"下加"手"为"舉"，后变作"舉"，表示向上高举起。车厢为"舆",不用车轮而用四手抬车也称为"舆",不用手而用肩抬则叫"肩舆",亦即轿子。又"舆（兴）",甲骨文作 ，会四手共抛举一物之意,表兴起,"四手"即异形。过去修筑大坝打夯时,常常是好几个人共同把石头等硬物抛抬起来,然后砸下去,以夯实土层,这种场景就是"舆"。形容一个人的兴致很高,称为高兴,"兴"有一个高举的过程,所以兴致高就是兴。"兴起"之"兴"是动词,读平声;"高兴"之"兴"是名词,变读去声。

乙3471   师克盨

爪,zhǎo,"爪,丮也。覆手曰爪,象形"。 乙三四七一,象掌心朝下的手形。"爪"字作为构件可以造很多字,如采、孚、爲、爬等。其中的"采（ ）"容易错写成"采",采的金文作 ,是猎人要辨认的鸟兽脚印之形。"采"字上从爪下从木,是摘取草木果叶的形象。在"采"的上面加一个"艹"就是"菜",说明最早的菜不是种的,而是野生的,需要去采。"采"的构形理据是很清晰的,有人将"菜"写成"菜","采"写成"采",显然是错误的。

乙5477　　　菁11.23　　　沈子它簋盖　　班簋

廾，jǐ，"𰀀，持也。象手有所廾據也。讀若戟"。乙
四六九七，象人两手握持形，執（𰀀）、執（𰀀）、鞏（𰀀）等
字从廾。

甲3461　　　前2.9.4　　　铁181.4　　　诚452

鬥（斗），dòu，"𰀀，两士相對，兵杖在後。象鬥之形"。
𰀀粹一三二四，会两人徒手对打搏斗之意。两个人伸着手，互相
揪着对方的头发打斗。"鬥"字，原本简明形象，而今却借用
表示量器的"斗（𰀀）"字作同音简化，"鬥""斗"都作"斗"，
不便于区分，也不合理。

铁 183.4　　　拾 7.6　　　史鼎　　　趩觯

史，shǐ，"，记事者也。从又持中，中，正也"。
粹一〇一，"从又持中"的"中"，形似一个有柄的文件袋，章
太炎等人皆有所论证。手持文件袋（中）的人，最初非史官
莫属。我国有几千年的史官文化，相传古时君王身边常有两
名史官相随，左边的史官主要负责记录重要言论（即君王语
录），是为左史；右边的史官主要负责记录重大事件（如地震、
战争），是为右史，即"左史记言，右史记事"（《汉书·艺
文志》）。所有记录的成果都放到握持的文件袋里。后来就把
记录的成果称作"史"，以记言为主的《尚书》，以记事为主
的《春秋》，都是"史"；把史官的身份称作"吏"，在"史"
上面加了一小横就是"吏"字，君王把身边的史官派到政府
机构去管理政务，就是"官吏"；官吏们所处理的事务就称
"事"，"事"字是"吏"字的小变。所以"史""吏""事"三
者原本同义，不仅字形构造大同小异，并且读音相近；后来
随着三者义域不断扩大，后人对其相互关系亦不甚了解。

《说文》古文　　　《说文·攴部》　　　纵横家书151

支，zhī，" ，去竹之枝也。从手持半竹"。 手持枝条表分支，"支"与"枝"同。竹枝是细条状的，故凡细条状之物，其量词均可以用"支"，如一支笛子、一支笔、一支牙签。

乙8407　　　乙5394　　　聿觯　　　者沪钟

聿，niè，"聿，手之疌巧也。从又持巾"。聿乙八四〇七，以手持笔（巾）表示敏捷灵巧。古人以能书会写为心灵手巧的表现，由此可见，掌握文字的人不同寻常。又由甲骨文可知，中国运用笔的历史应远在蒙恬之前就有了，只是最初的笔头不一定用毛，可能是削木蘸矿粉液（丹）书写的。

聿，yù，"聿，所以书也。楚謂之聿，吴謂之不律，燕謂之弗。从聿，一聲"。聿聿壶，女壴方彝，象手持笔形，手为衬托，与"聿"实则同形，后加一短横以示区别。后又加竹为

"筆",说明当时已经使用竹管毛笔了,"筆"后又简化为"笔"。法律的"律",从彳,从聿,聿亦声,"彳"为示动义符,"聿"为笔,法律就是用手拿笔(聿)写下来的必须遵循(彳)的规则。

小臣宅簋　　伯晨鼎　　师克盨盖　　毛公鼎　　《说文》古文

畫(画),huà,"畫,界也。象田四界,聿所以畫之"。小臣宅簋,手持笔画分界线。"畫"的本义与我们今天的美术画不同。以手持笔状物,在田上画出界线,是为"畫"。古有"井田制",阡陌交通,分界以示水土无犯,就是"畫"的结果。由此可窥早期农耕文明之一斑。

邵鐘　　　郭.尊.30

隶,dài,"隶,及也,从又,从尾省。又持尾者,从後及之也"。邵鐘,手从后抓住尾巴,即逮捕之"逮"的初文。后来发生分化,作名词念lì者仍作"隶",作动词则念dài而作"逮"。

十五年趞曹鼎

殳，shū，"，以杸殊人也。《禮》：'殳以積竹，八觚，長丈二尺，建於兵車，旅賁以先驅。'从又，几聲"。乙一一五三，十五年趞曹鼎，手持兵器击人之状。"殳"作为一种兵器，柄特别长，或带尖头，类似于古希腊、古罗马的投枪；或不带尖头，类似于少林武僧用的长棍，但比它长。湖北随县战国曾侯乙墓出土了各种完整的殳。"殳"作为构字偏旁，常用在合体字的右边表示某种动作（即示动义符），如殴、段、殿、毅等。

摭续190   师以鼎   叔角父簠盖

攴，pū，"，小擊也。从又，卜聲"。摭续一九〇，手持械敲击，作击打、驱赶、敷陈类字的义符。"攴"就是后来的反文旁（攵），其构字很多。

（教）　　　　　　　　　　　（敦）　　　　（學）

甲1251　　粹1162　　散氏盘　　　郾侯載器　　大盂鼎

教（教），jiào，"斅，上所施下所效也。从攴，从孝"。

前五〇·二，会手执鞭（攴）敦促蒙童（子）学习知识（爻）之意。施者为"教"，学习者为"效"，《集韵》："教，古作敩。"实与此同。所谓教学相长，教与学是同一件事的不同方面，故"教""學""效"同，而今东北人还把"学"念作xiáo，即为例证。《说文》："斅，觉悟也。从教，从冂（即幂初文）。冂，尚曚也。臼声。學（學），篆文斅省。""斅"左边为"學"，"學"上面是双手（臼）捧"爻"，"爻"在《周易》里是组建卦象的符号，代表各种各样的知识；下面是"子"，出生不久的小孩是不懂知识的，脑子"尚曚"，故曰童蒙；中间是"冂"，就像用布（冂）蒙住了小孩（子）的头，看不到上面的知识（爻）；上面的"臼"也可以理解为老师启蒙，用双手揭去孩子头上的蒙布，使他直接看到知识；右边为"攴"，俗话说"严师出高徒"，小孩不懂事，贪玩而不爱学知识，需要老师敦促，用手拿鞭子的"攴"表示敦促。总之，"斅"最初的造字意图就是"启蒙"，辅以棍棒（攴）敦促，老师用双手

（臼）将小孩（子）头上的蒙布（冂）揭去，使他接触知识（爻）。老师教，学生仿效，最后蒙童觉悟了，这才是"学"。"敩－教－學－效－覺"是一个完整的学习过程。

六、足与行走

甲2744　　　甲600　　　五年召伯虎簋

止，zhǐ，"凵，下基也。象艸木出有址，故以止爲足"。甲二七四四，凵五年召伯虎簋，象带脚趾的脚板形，跟手一样，画三趾代指脚板。《汉书·刑法志》："当斩左止者，笞五百。""止"即"趾"。"止"的状态含有两个意思：一个是脚板，后作"趾"；一个是脚板不动，叫停止。前者是名词，后者是动词。生活中，用脚板（止）构成的字很多。

乙6951　　前4.40.1　　掇续214　　免簋

足，zú，"，人之足也。在下，从止、口"。乙三一八四，脚板上加一节小腿胫骨（口），是为足。足在下体，踏地实在，引申为充足。

甲 2878　　燕 758　　铁 138.2　　疋作父丙鼎

疋，shū，"，足也。上象腓肠，下从止"。小腿加脚板之形。徐灏注笺："疋乃足之别体。所菹切，亦足之转声。"说"疋"实际上是"足"的变化。足上之"口"可以反过来视作疋上"腓肠（小腿肚）"的讹变。疏通的"疏"左边为疋，意思是说用脚走通。

燕 664　　十年陈侯午敦　　前 5.24.8

，bō，"，足剌也。从止、少。读若撥"。"少"为止之反形，《说文》意谓两脚板向外箕张，就是剌脚，亦即卓别林式外八字步的样子。"登""癹""發"等字从此。据篆文形来看，"̈ "为双脚板朝前或朝上的样子，并非外拐相背之形，故从"̈ "之字与"刺̈ "似乎关系不大。

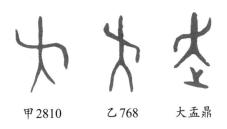

| 甲2810 | 乙768 | 大盂鼎 |

走，zǒu，"，趨也。从夭、止。夭止者，屈也"。令鼎，象人摆臂快速行进形。"走"上从夭，是一个人快步摆臂的侧面形象；下从止，既可以看成脚板，也可以视作示动义符。"走"为快步疾行，是脚板快速移动但不能腾空，故从一止。现代体育运动里的竞走还保留着这种状态。"奔"作，飞快而脚板腾空，故从三止。走狗、走马、不胫而走、弃甲曳兵而走等，都是脚板不腾空的快走，是后来"跑"的一种。从"走"之字也多与跑有关，如赶、超、越等。

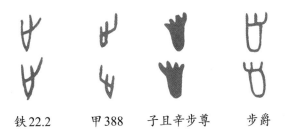

| 铁22.2 | 甲388 | 子且辛步尊 | 步爵 |

步，bù，"，行也。从止少相背"。铁二二·二，子且辛步

尊，两个脚板轮换前移，各跨一次为一步，故从二止。若只单脚跨一次，则为半步，称"跬"。"步"可度量距离，一步大致六尺，古有"百步穿杨"之说。从步之字有涉、频/濒等。

截 17.4　　　明藏 425　　　亚此牺尊　　　此父丁鼎

此，cǐ，"屾，止也。从止，从匕。匕，相比次也"。屾甲一五〇三，自己脚趾所停处为"此处"，故以"此"表示近指。

甲 193　　　甲 3940　　　二祀弋其卣　　　格伯簋

正，zhèng，"正，是也。从止，一以止"。正乙一〇五四，正甲三九四〇，脚板正对着城堡走去，是征伐之"征"的本字，《墨子·明鬼》："天下失义，诸侯力正。"凡师有钟鼓曰征，大张旗鼓地征战是正义的，故"正"引申为正直、正确。"正"与"足"之古文同形。

毛公旅方鼎　　　是要簋　　陈公子叔原父甗　　邻王糧鼎

是，shì，"昰，直也。从日、正"。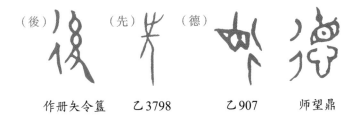毛公旅方鼎，段玉裁《说文解字注》："天下之物莫正于日。"脚板直向太阳走，走的是光明正道。"正"为直向城堡走，"是"为直向太阳走，二者道理相通，故后世"正是"连言。"是"有正确之意，故常用于表示肯定。

（後）　　（先）　　（德）

作册矢令簋　　乙3798　　乙907　　师望鼎

彳，chì，"彳，小步也。象人胫三属相连也"。象十字交叉大路（行）的左半边。从"彳"之字，如"後"，脚板（夂）行于路上（彳），有所系（幺），不得前，故落後。与"後"相对者为"先"，乙三七九八，止在人前，即走在人的前面，故为先。另如"德"，毛公鼎，心选直路行走。心路直为有德，心路歪则缺德。"彳"在文字构形中常作示动义符，称为"双人旁"是不对的，称为"半行旁"为好。"彳"构成得、很、待、往等与路相关的字。

辵，chuò，"辵，乍行乍止也。从彳，从止。讀若《春秋公羊傳》曰'辵階而走'"。〖后下一四·一八，会脚板（止）在路（彳、行）上，走走停停之意。常用作行走、运动类字的义符，后据草书简化作"辶"，今称"走之底"，构成运、造、逆、迎、进、逐、过等运动类字。

廴，yǐn，"廴，长行也。从彳引之"。"彳"的延长，同"引"，用作表示远走、延长的义符，如廷、建等。"廴"与"延"为古今字。

甲193　　　甲528　　　亚子父辛尊　　　延盘　　　虢征舟

延，chān，"延，安步延延也。从廴，从止"。〖甲五二八，会缓步行走之意，为"廴"的加符字。

甲574　　后2.2.12　　　行父辛觯　　　虢季子白盘　冉钲钺

行，xíng（háng），"行，人之步趋也。从彳，从亍"。行后下二·一二，象十字交叉路口形。名词为道路，动词为在路上行走。为了区别，后世将前者念作háng，后者念作xíng。常言道，"行军打仗"，军队给人的印象就是在大路上列队行进，五人为伍，十人为什，二十五人为行，"行"成为古代军队的建制之一，由此产生了"排行""周行""行伍""同行十二年"等说法，都念háng。

乙2110

后2.18.4

夊，suī，"夊，行迟曳夊夊。象人两胫有所躧也"。夊乙二一一〇，用倒止表行走迟缓。後、降、爱、夋等字从夊构形。

舛，chuǎn，"舛，对卧也。从夊㐄相背。踳，扬雄说舛从足春"。舛，两脚板反向而动，同"踳"。"舛"当为"炎"之倒文，并非两脚板相背，故从舛之字与"相背"似乎无关。与屮相较，舛，为双脚板不朝前或朝上，反倒朝后或朝下，故含有事与愿违之意。造字之初，屮与舛，不过双脚板朝向不一而取象有别，所谓双脚板相背，恐为后人误解。

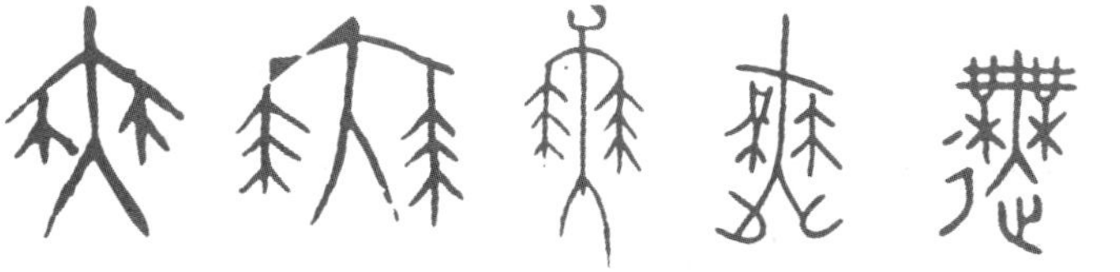

铁120.3　甲2858　甲2858　匽侯铜泡　余贎逑儿钟

舞，wǔ，“，樂也。用足相背。从舛，無聲”。粹七四四，象人持牛尾、花枝等手舞足蹈之形。后分化，动词、名词作“舞”，否定词作“無”，“舛”变为“灬”以示区别。

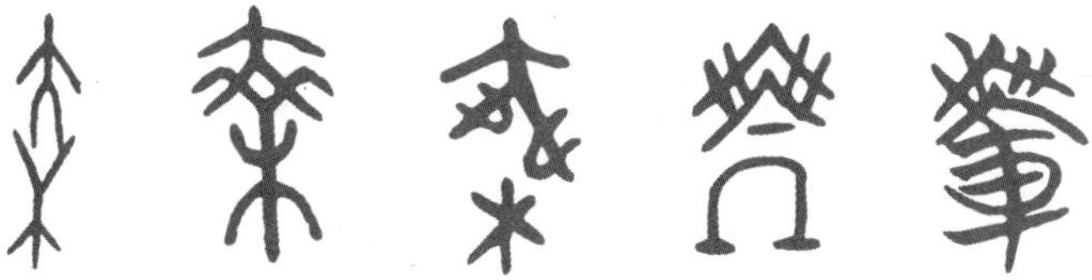

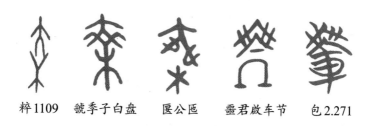

粹1109　虢季子白盘　匽公匜　噩君啟车节　包2.271

桀，jié，“，磔也。从舛在木上也”。古鉨文作，象人两脚分开置于树顶之形。其中含有三重意味：一是登上，二是分开，三是显得很高很突出。故从桀之字有三：椉（乘，异体字作“莵/雚”）为“覆”，即加于其上（如乘车、乘风、乘法）；磔为“辜”，即分解肢体；傑为“材过万人”，出类拔萃。“桀”与“乘”“磔”“傑”同，都从“人登于木上”取义。

乙2118　　　甲2258　　　前5.47.1　　　　韦戈　　　黄韦俞父盘

　　韦（韦），wéi，"韋，相背也。从舛，口聲。獸皮之韋可以束，枉戾相韋背，故借以爲皮韋"。乙二一一八，甲二二五八，本象多只脚板（止）绕城（口）打转之形。所会之意可能有二：一是包围，二是保卫。故"口""韋""圍""衛"音义同。兽皮柔软利于围绕，故皮革类字多用"韋"构形。能够护卫城池、需要卫兵保卫者为伟人，故"偉"字亦从韋。

第四讲 动物类基础字形讲析

　　动物是人类的朋友，也是人类狩猎、畜牧时代最主要的食物来源。汉字构形之初，"近取诸身，远取诸物"。《说文·叙》谓仓颉造字时，"见鸟兽蹏远之迹，知分理之可相别异也，初造书契"。先民看到雪地、泥地上鸟兽留下的脚印，就知道是什么鸟兽从这里经过，从而猎之。于是悟出：实际物体虽然不在眼前，但其象征符号可以传递该物体的信息。因此"依类象形"，创造文字以表示事物。

　　《说文》保存了大量先民造字时有关动物的信息，其中象形字比较多，极为形象生动。

一、家畜类

　　首先，从跟我们关系最近的家畜说起。家养"六畜"，其中鸡从鸟驯化而来，故从鸟构形，可言无多。余下五畜即犬、豕、牛、羊、马，各有特点，《说文》与五畜关涉的文字多达

346个。归纳起来，可分为猎犬、肉猪、耕牛、吉羊、战马。它们表现出五畜最典型的本质特征，与五畜关涉的文字多在这个主调的支配下来构形表义。

猎犬　　　肉猪　　　　耕牛　　　吉羊　　　　战马

狩猎时代早于畜牧农耕时代，猎犬是狩猎时代生产生活的主力，故五畜之中，犬居首位，它的驯养最早，犬类字也非常发达。《说文》里犬类字有94字之多，约为豕、牛、羊各类字的两倍。

犬所从事的狩猎活动及其所猎的对象，在文字构形上多从犬字旁，如狩、猎、获、狼、猴、玃、狐、獭等。后来连猪、猫也类化而从犬字旁，可见犬的影响之大。

此外，一些表示某种状态或动作的常用字，如猛、默、猝、突、狂、狠、犯、狎、伏、狡、猜、独、奖、状、类、犹、狱、厌、献、臭等，也都从犬，亦可见人们学会用文字表情达意之后，对犬字总是情有独钟。比如在狩猎时代，犬往往与人相随，出入草莽，伏身伺机以猎物，故"伏"从人，从犬，正是猎人与他的猎犬一起埋伏、守候野兽之态。"莽"

从犬，从茻，"屮"为草之初文，二屮为"艸"，三屮为"卉"，四屮为"茻"，正是猎犬狩猎于草莽中的形象。猎犬有时藏身坑穴，默然不动以待猎物，故"默"从犬。一旦猎物出现，则突然或猝然从伏身的坑穴中跃出，故"突"从穴，从犬，猝不及防之"猝"亦从犬。此时猎犬兴奋异常，举止若狂，故"狂"从犬。动作迅猛，追捕凶狠，故"猛""狠"也从犬。猎犬扑向远处猎物前，会考虑哪条线路更快更容易。猎犬的思维不同于人的思维，它所谓的考虑、思考类似于猜想，故"猜"字从犬。会猜的犬就是狡猾的，所以"狡猾"也从犬。

这些从犬而来的字，后来多用在人的身上。随着狩猎时代的结束，犬就渐渐显得不重要，从而沦为看家护院的"狗"，甚而成了宠物或盘中餐了。

豕在五畜中地位最低。豕生性憨拙蠢笨，但多生快长，体肥肉多。狩猎时代，豕是最易获取的猎物，故逐、遂、队、坠等字从豕。其中，"逐"从豕，从辶，"辶"就是示动义符"辵"，构字意图是在路上赶猪。野猪喜群居列队而行，故"隊（简化作"队"）"从豕。

野猪跑得很快，古人最初猎捕野猪时，是跑不赢、抓不住它的，往往采取围追堵截的办法，先是赶至树丛中，从天上落下网，是为"豕（上"八"为网）"。未遂者再三面围赶至悬崖峭壁（阝），使之坠落而亡，故"隊（简化作"队"）"

字亦从豕。"墜"为"隊"的后起字，"墜"的构形本义就是豕成队从悬崖上坠落。豕繁殖快、易育肥，是肉食家畜的典型代表，故"家"字从豕，圈养的豕就成了猪。

"家"字为房（宀）中有猪（豕），甲骨文作 ，且房中有带雄性生殖器的公猪，反映出先民已经开始对猎物的驯养，并且开始配种繁衍，形成食物或财富储备，私有制已孕育其中。由此可知，先民开始由狩猎时代步入畜牧农耕时代。所以说，史书上没有记载的上古时代的许多东西，我们能从字形构造里窥其端倪。章太炎认为文字本身就是历史，所言可信。

牛为大物，耕作时力大而耐劳，生性温良而合礼教，为祭祀上品。古代祭祀时，牛、羊、豕三牲全备为"太牢"，只有羊、豕为"少牢"；天子祭祀用"太牢"，诸侯祭祀用"少牢"，足见牛之地位。甲骨文中的"骨"只用牛肩胛骨，也间接说明牛的地位突出。牢、物、牺牲、犁等字都从牛旁，说明到了畜牧农耕时代，牛的地位上升，取代了狩猎时代犬的五畜之首的地位，提升为"牺牲"乃至"万物"的代表者，使猎犬降格通称为"狗"。

羊本性最善，体形适中，毛软肉美，最合古时人们所倡导的中庸之道。羊为吉祥的象征，"羊"就是"祥"的本字，善、美、義、羞、羡、群等字都从羊。羊与牛一样是祭祀上品。五畜中"犬""豕""马"三字皆画全身来象形，唯"牛""羊"

二字以其砍下献祭的头来象形，也间接说明牛与羊在祭祀中的地位最重要。

马高大健美，勇武剽悍，奔走疾速，能驾车、骑乘、耕作、运输、观赏和比赛，在战争、农耕、生活、休闲等多方面都有重要作用。五畜中，马的用途最广、实用价值最高，所构字在五畜字中发展较晚，但涉及面最广且数量最多，在《说文》中就有118个。如骄、骏、腾、驰、骛、骤等字从马，很好地表现出马俊美矫健、奔腾驰骋的生动形象。马在先秦时期多用于战争。赵武灵王推行"胡服骑射"已是战国后期的事，之前流行车战，车战的动力为马，故有"戎马""驷马""千里马"等说法。

下面我们结合五畜相关字形一一道来。

甲1023　　甲611　　乙6141　　戊嬰鼎　　员方鼎

犬，quǎn，"犬，狗之有縣蹏者也。象形"。甲四〇二，犬鼎，象狗形。所谓猎犬一趾悬而不着地，恐非真实，大约是用"趾不着地"来描述猎犬飞奔时极为迅疾。犬字竖写，与豕、亥、马、兔、象、虎等字一样，主要是为了字形的行款美观，别无深意。

狺，yín，"㹜，兩犬相齧也。从二犬"。二犬对吠貌，同狺（yín，狗叫声），就是狗咬狗。"獄（简化作"狱"）"字从㹜，从言，狱讼的原告与被告双方争辩，正像二犬相吠。

狗，gǒu，"㺃，孔子曰：'狗，叩也，叩气吠以守。'从犬，句聲"，即看家狗。《尔雅·释畜》："未成豪，狗。"犬大狗小。先以"犬"为通名，后"狗"上升为通名。造字时，"狗"和"犬"是完全不一样的，"犬"矫健善猎，腿长腰细尾巴长，线条优美且善于奔跑。"狗"还未长矫健，只能看家护院，有陌生人来就"叩叩叩"地叫，故"狗"字从犬，句声。

佚43　　拾5.14　　函皇父簋　　鸟豕爵　　𤔲兽爵

豕，shǐ，"㣎，彘也。竭其尾，故謂之豕，象毛足而後有尾。讀與豨同"。𤔲前四·二七·四，象阔嘴大肚子短尾巴的肥猪形。猪的特点是贪吃好睡，故其身形肥胖。

乙7795　　前7.33.1　　林1.15.7　　吴方彝盖　　三年师兑簋

亥，hài，"⑤，荄也。十月微陽起，接盛陰。从二，二，古文上字，一人男，一人女也。从乙，象裹子咳咳之形。《春秋傳》曰：'亥有二首六身。'"⑤京津四〇三四，⑤昌壶，⑤郘公华钟，其实"亥"本象豕形，借作地支字后，另造"豕"字以分担本义。十二生肖中"亥属猪"，可证实亥本是猪，猪就是亥。值得注意的是，"豕"与"亥"就字形而言，在甲骨文、金文中有着明显的不同，说明古人很早就在字形上对二者进行了区别使用。

⑤　　　⑤　　　⑤　　　⑤

甲1945　　前3.31.1　　师友2.207　　士上卣

豚（豚），tún，"⑤，小豕也。从象省，象形。从又持肉，以給祠祀。⑤，篆文从肉豕"。⑤前三·三一·一，⑤乙八六九八，祭祀用的小猪。或作⑤，会手持豕肉献祭之意。《礼记·曲礼

下》："凡祭宗庙之礼……豚曰腯（tú）肥。""豚"即烤乳猪，
其肉鲜嫩肥美，宜于献祭。

彑，jì，"彑，豕之头。象其锐而上见也"。象猪头形，同
彖（chǐ，《说文》"彖，豕也。从彑，从豕"）。这个字现在用
得不多，而同样表示猪的"毚"即从彑。

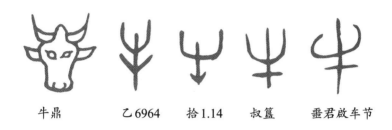

牛鼎　　　　乙6964　　　拾1.14　　　叔篹　　　噩君啟车节

牛，niú，"半，大牲也。牛，件也。件，事理也。象角头
三、封、尾之形"。半甲五二五，牛师寰篹，象正面带两角双耳
的牛头形，《说文》的讲法有误。牛、羊是割下头祭祀的，故
以头代全身。因此后来牛和羊用"头"作量词，即一头牛、
一头羊。猪有时砍头用于祭祀，也可以说一头猪。马用于祭祀
时不必砍头，故不能说"一头马"，而说"一匹马"，《小尔雅》
讲"倍两谓之匹"，这是马原先驾车时成双成对出现的缘故。

犛，lí，"犛，西南夷长髦牛也。从牛，𠩺声"，即牦牛。
阳爻为九，阴爻为六，六九五十四，《说文》根据这一阴阳学
说，为了凑足540之数，而将一些很少参与构字的合体字如
"蓐""殺"等也收入部首中，"犛"也属其中之一。

半，bàn，"半，物中分也。从八，从牛。牛爲物大，可以分也"。一牛分两半。"半""判"音义通，判即剖分之意。牛个头大肉多。《说文》："胖，半體肉也。一曰廣肉。从半，从肉，半亦聲。""牛"为物的代表，"半"为牛的一半，这属于典型的以具象表示抽象。

乙2048　　乙3368　　菁1.1　　角戊父字鼎　　畽侯鼎

角，jiǎo，"角，獸角也。象形。角與刀、魚相似"。象菁一·一，象兽（牛）角形。《说文》："解，判也。从刀判牛角。"通过"半""解"等字可见先民对于杀牛的印象特别深刻。

甲618　　河387　　羊作父乙卣　　叔德簋

羊，yáng，"羊，祥也。从屮，象頭、角、足、尾之形。孔子曰：'牛羊之字以形舉也。'"甲二九〇四，以祭祀的羊头代全羊。羊又代表吉祥，后加"示"为"祥"。在吉祥义上，

"羊"与"祥"为古今字。

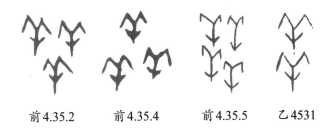

前4.35.2　　前4.35.4　　前4.35.5　　乙4531

羴，shān，"羴，羊臭也。从三羊"。用多只羊表示群羊的膻味。后通常写作"膻"，膻为后起形声字。

铁2.2　　乙9092　　甲1286　　大盂鼎　　吴方彝盖

馬（马），mǎ，"馬，怒也，武也。象马头、髦、尾、四足之形"。𩣡乙九〇九二，𩣡守簋，象马形，突出马的形态特征——鬃毛飘飘。

二、虫鱼类

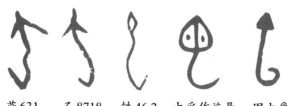

燕631　　乙8718　　铁46.2　　虫舀作旅鼎　　甲虫爵

虫，huǐ，"🐛，一名蝮，博三寸，首大如擘指。象其卧形。物之微細，或行、或毛、或蠃、或介、或鳞，以虫爲象"。铁四六·二，象毒蛇（蝮）之形，即眼镜蛇形，后起字作"虺"。

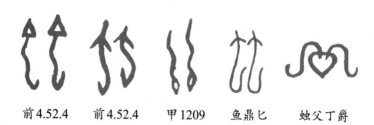

前4.52.4　　前4.52.4　　甲1209　　鱼鼎匕　　蚰父丁爵

蚰，kūn，"🐛🐛，蟲之總名也。从二虫，讀若昆"。前四·五二·四，昆虫类总名。"蚰"同"昆"，即二虫相比列。

（蟲）　　　　　（融）　　　　　（蠱）

包2.191　　　　乙7012　　　　佚723

蟲（虫），chóng，"，有足謂之蟲，無足謂之豸。从三虫"。小虫喜类聚，故用三只虫表示多。昆虫之名本当作"蟲"，因笔画多，故作偏旁而简化后与"虫"同形。初民以"蟲"为动物通名，如老虎称"大蟲"，今陕西南部商洛地区还称人为"走蟲"。"蠱（蛊）"即器皿（皿）中养满小蟲（虫）。

風（风），fēng，"，八風也。東方曰明庶風，東南曰清明風，南方曰景風，西南曰涼風，西方曰閶闔風，西北曰不周風，北方曰廣莫風，東北曰融風。風動蟲生，故蟲八日而化。从虫，凡聲"。甲骨文"鳳"作，"風""鳳"都从凡得声，故可通借。鸟借风飞，风吹虫鸣，风无形可象，故借虫衬托之。每当夏日中午，风一吹，树上鸣蝉"吱吱吱"叫个不停，而风一停，虫声也就停了。可见古人造字，观察尤为细致。

铁185.3　　拾13.8　　宁沪3.79　　齐侯盘　　郎汤伯匜

它，tā，"，虫也。从虫而長，象冤曲垂尾形。上古艸居患它，故相問無它乎"。前二·二四·八，沈子簋，象蛇形，与虫同形。许慎的意思是说，早期先民草居野处，常受蛇类侵扰，很怕晚上被蛇咬，早晨见面打招呼，常常说"蛇咬你

了没?"即:"无它乎?""无它乎"的意思就是问有没有遇见蛇,好比现在开玩笑说"你还活着啊"。由此可窥初民日常生活的鲜活一角。"虫""也""它"均为蛇形分化,"虫"表名词,"也"表语气舒展,"它"作代词。

巴,bā,"弓,蟲也。或曰食象蛇。象形"。巳居延简,象盘地大蟒蛇形。巴山多蟒蛇,巴人或以蟒蛇为图腾。"巴""蟒"皆重唇音,"巴蛇"即"蟒蛇"。《山海经·海内南经》:"巴蛇食象,三岁而出其骨,君子服之,无心腹之疾。其为蛇青黄赤黑,一曰黑蛇青首。"

甲3364　　铁3.2　　河784　　小臣艅卣　　宜侯矢簋　　德簋

易,yì,"易,蜥易,蝘蜓,守宫也。象形"。毛公鼎,象蜥蜴头、身、足之形,低等动物用各种方法来保护自身,蜥蜴用自己身体颜色与周围环境一致的方法来保护自己,俗称"变色龙",以其形象用为变易字。一般认为,"周易"之"易",就是指二爻变八卦、八八六十四卦等来演绎万物无穷无尽的变化。甲骨文又作,或认为两容器中的水互相转易之意。

佚812　　明藏726　　鱼父乙卣　　鱼鼎　　犀伯鱼父鼎

鱼（鱼），yú，"奐，水蟲也，象形"。佚八一二，毛公鼎，象鱼形。

前6.50.7　　　　子渔尊

鱻，yú，"鱻，二魚也"。打渔字作"灪"，一撒网打起很多鱼，还有水在滴。"灪"从鱻，也作"渔"，从鱼，说明"鱻"是鱼的繁体字，其思路与"余–粂""中–艸"相似，后者皆为前者之繁构。

前6.43.6　　前6.44.5　　燕608

燕，yàn，"燕，玄鳥也。籥口、布翄、枝尾，象形"。燕象燕子的头、身、翅、尾形。

甲984　　前7.5.2　　龟父丙鼎　　龟父丁爵　　吊龟鼎

龜（龟），guī，"⿰，舊也，外骨內肉者也。从它，龜頭與它頭同。象足、甲、尾之形"。⿰前七·五·二，象龟形。繁体"龜"很难写，现在我们所写的"龟"字是我国1956年以来推行的简化字，字形简单，便于书写。

京津2496　　父辛黾卣　　黾父丁鼎　　黾父丁鼎　　师同鼎

黽（黾），měng，"⿰，鼃（蛙）黽也。从它，象形"。⿰前六·二四·三，⿰鄂君车节，象蛙形。

望2.46　　　　包2.265　　　上（2）.子11

卵，luǎn，"，凡物無乳者卵生。象形"。江陵楚简，象卵形。许多动物将卵产在草木的叶上，尤其是水生的鱼、蛙，将大团卵产在水草叶上。古人的观察与表述十分精细。或说卵象雄性睾丸形，俗称睾丸（卵子），转指虫鱼之卵。

（辰）　　　　　　　　　　　　　　　　　　　（辱）

菁5.1　　　后1.13.4　　　佚383　　　背后1.18.7　　　𠟭伯中父簋

辰，chén，"震也。三月陽氣動，靁電振，民農時也，物皆生。从乙，匕象芒達，厂聲也。辰，房星，天時也。从二，二，古文上字"。"辰"有振动义，同"震"。菁五·一，矢方彝，𠟭伯中父簋，甲金文的"辰"就是大贝壳，即蚌壳，也叫蜃，"辰"与"蜃"为古今字。

《淮南子·氾论训》："古者剡耜而耕，摩蜃而耨。"最初先民没有金属农具，以蜃（蚌）壳为翻土农具，故其字或加手（），即"辱"，后起字作"耨"。从辰之字多与农事相关，如晨（师晨鼎）、農均从辰。《史记·五帝本纪》："乃命羲和，敬顺昊天，数法日月星辰，敬授民时。"观察星象，掌握时令，是农耕社会的头等大事，故辰又引申指星辰、时辰。辰时为如今7时至9时的早晨，是"日出而作"的时间。一日之计在于晨，故用"辰"代表十二时，称"时辰"。

前4.10.3　　伯晨鼎　　郜公平侯鼎　大师虘簋　中山王礐鼎

晨，chén，"農，早昧爽也。从臼，从辰。辰，時也，辰亦聲"。農前四·一○·三，晨師晨鼎，为双手持大蚌壳耕地之意，或加表示动作义符"止"。因农事辛劳，必须辰时日出而作，故引申指早晨。《说文》又作"晨"，"房星，爲民田時者"，省作"晨"。今"晨""晨"混而为一。

续2.1.4　　后1.7.11　　农簋　　史农觯　　散氏盘

農（农），nóng，"農，耕也。从晨，囟聲"。"農"即"農"字。在甲骨文、金文中，农字或从林，或从森，或从田，或从手（"又"或"屮"），当然还有一枚必不可少的大蚌壳（辰）。综合起来，就是把树林砍掉，手持大蚌壳，开荒种田。和"晨"字一样，它反映了先民"筚路蓝缕，以启山林"，进行农耕的艰辛，无怪乎周公反复叮咛后代君王"先知稼穑之艰难"。

三、野兽类

初民山居野处，最难防的是致人死命的毒蛇，因印象强烈而用蛇形的"蟲（虫）"来统指各种动物，连鱼鳖类的虾（鰕）、蚌、蟹也都能从虫构形，《说文》中虫类有184字之多，可谓包罗万物，洋洋大观。后来逐渐分化，鸟类称禽，鱼类称鱼，家畜称畜，猛兽称豸，又野兽通称獸（兽），于是虫的词义缩小到只指昆虫类了。统称鱼鳖鸟兽为虫时，是在早期的捕捉觅食阶段，及至野兽单称时则发展到成熟的狩猎生产阶段。

豸象猛兽形，从"豸"字多为猛兽，《说文》从"豸"构形的猛兽字，有明言人杀之食肉取皮的，也有明言食人的，可见人兽互斗之凶险。猛兽中有野牛、野狗、野豕等，可看出家畜的源头。从豸字后又多改从犬，是以犬作为兽类代表同化部首的结果，如"豻－狱""豻－犴""玃－貜""貐－貐""貍－狸"等。"貓"相传为老虎的师傅，本从豸，后来类化，也改从犬作"猫"了。"兽（獸）"是由表示狩猎行为的动词转为名词，而用作野兽通名的，应当在统称动物为虫之后。

（内）　　　　（萬）　　　　（禺）

叔向父禹簋　　　广簋盖　　　赵孟庎壶

内，róu，"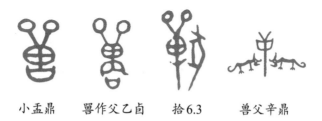，獸足蹂地也。象形，九聲。《尔疋》曰：
'狐狸貛貉醜，其足蹞（蹯），其迹内。'""禹"金文作，
"萬"金文作，所从，象虫兽尾、足着地之形，"内"
同"蹂"，即野兽的脚板蹂地，与表示兽蹄鸟迹的"采""番
（蹯）"义同。

小盂鼎　　　罨作父乙卣　　拾6.3　　　兽父辛鼎

罨（兽），xiù（shòu），"，犡也。象耳、頭、足内
地之形。古文罨，下从内"。乙六二六九，铁三六·六，甲
二二九九，员鼎，会用干、單等长柄网具猎取野兽之意。作
动词，同"狩"；作名词，同"獸"。可以说，野兽的"兽"，
本来就是狩猎的"狩"，后来产生分化，才造了不同的文字来
承担不同的意义，即"兽（獸）"作名词，"狩"作动词。

前3.31.3　　乙641　　象且辛鼎　　师汤父鼎　鄂君啟车节

象，xiàng，"，長鼻、牙，南越大獸，三年一乳。象耳、牙、四足之形"。前三·三一·三，乙九六〇，大象形，突出其长鼻子。现在，大象虽然在中原绝迹了，但在几千年前却很常见。如河南省称作"豫"，其字从象，就是因为其地多象而得名。成都金沙遗址的象牙祭坑出土了数以百计的象牙，可以想见当时成都平原象群出没的盛况。"想象"一词，正好保留了人们对大象的集体记忆。秦置象郡，在今广西西部、越南中北部一带，而在越南至今还能常见大象。据史料记载，周武王灭殷商后，组织大量人力将危害中原的大象、犀牛、虎豹等猛兽驱赶到最南边去了，从此中原人看不到大象，只能"想象"了。人文、地理、风物之间的种种联系，亦可由字形构造窥其端倪。

乙8013

虍，hū，"，虎文也。象形"。乙八〇一三，古鉨，带斑纹的虎头，表示虎纹的"彪"字从此。"虍"实为虎头状，突出虎口利牙。

甲 2422　　甲 3017反　　甲 1433　　燕 198　　大师虘簋

虎，hǔ，"，山兽之君。从虍，虎足象人足。象形"。
召伯簋，象老虎全身形，突出其巨口利牙、斑纹长尾。

存下 517　　　　即簋　　　　叔虤簋　　　车虤戈

虤，yán，"，虎怒也。从二虎"。会两虎相斗而怒之意。

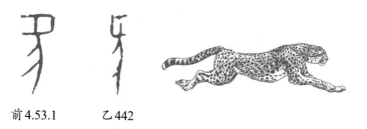

前 4.53.1　　　　乙 442

豸，zhì，"，兽长脊，行豸豸然，欲有所司杀形"。
前四·五三·一，乙四四二，象巨口獠牙长脊猛兽形。脊骨长则
善跑追杀他兽，故"獬豸"为猛兽通称，"虫豸"为野兽通名。

豹、豺、貍、貆、狟、貊等皆从豸，这些字有的后来类化而从犬（犭）了。《阿Q正传》里的阿Q曾说："我是虫豸还不行么？"吴方言所说的"虫豸"，相当于北方话的"畜生"，含有下贱、不配做人的意思。

后2.33.4　　明藏633　　亚鹰父丁觚　　大盂鼎　　　大克鼎

廌，zhì，"廌，解廌，獸也，似山牛，一角。古者决讼，令觸不直。象形"。廌明藏四七二，一种像野牛的独角兽，有"触不直"的传说，即上古断案时，原告与被告争执不下，官员不能判定，就放出独角兽"廌"，它顶谁就判谁有罪。故"灋"字从水，表示公平；从廌，从去，表示獬廌触有罪者而去之。《论衡》说獬廌："一角之羊也，性知有罪。皋陶治狱，其罪疑者，令羊触之，有罪则触，无罪则不触。……故皋陶敬羊。"至今法院的门前还有石雕獬廌的形象。"廌"与"豸"同。

铁 62.1　　　粹 120

帚，yì，"帚，脩豪獸。一曰河内名豕也。从互，下象毛足"。帚象爵，象锐头尖嘴野猪类兽形，突出其长长的刚豪或棘刺，俗称"豪猪"。

甲 620　　　甲 622　　　乙 764

咼，sì，"豸，如野牛而青。象形，與禽、离頭同"。咼甲三九三九，咼乙七六四，象独角犀牛之形，突出其大嘴与特有的独角，同"犀"。所谓"与禽（禽）、离（离）头同"云云，是就小篆字体而言。

沈子它簋盖　　毛公鼎　　哀成叔鼎

能，néng，"，熊属。足似鹿，从肉，目聲。能獸堅中，故稱賢能，而彊壯稱能傑也"。能匋尊，毛公鼎，象熊形。"能"本表示熊，因普遍用于能力义，后遂借火光熊熊的"熊"字表示熊兽。有个词叫"能耐"，熊能够忍饥挨饿，经受风寒，在恶劣的环境里生存，故用以表示有能力的"能"。

熊，xióng，"，獸似豕，山居，冬蟄。从能，炎省聲"。詛楚文，表示火光熊熊，故从火。依《说文》之见，则"熊"本为"能兽"的专用字，"熊"跟"能"，原本是一个字，后因功能分化而分别有所指。

拾55　　前4.53.4　　燕34　　作龙母尊　　邵鐼钟

龍（龙），lóng，"，鱗蟲之長，能幽能明，能細能巨，能短能長，春分而登天，秋分而潛淵。从肉，飛之形，童省聲"。乙七八一〇反，作龙母尊，象龙形。"龙"字在甲骨文、金文中频频出现，且传说古有豢龙氏，龙究竟为何物，至今不得其详，只知道龙是中华民族统一的图腾象征。

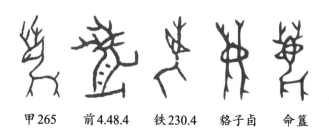

甲265　　前4.48.4　　铁230.4　　貉子卣　　命簋

鹿，lù，"，獸也。象頭、角、四足之形"。粹九五三，命簋，象梅花鹿形。与鹿相关的麗（）字，与"鹿"字形体一样，强调的是鹿头上美丽的双角。"麗"简化成"丽"，就只剩下双角了。鹿角总是成双成对的，所以用来表示夫妻关系的"伉俪"一词中的"俪"从人，从麗，作"儷"。

麤，cū，"，行超遠也。从三鹿"。群鹿跳跃貌，本义为腾跃，引申表示粗疏。"麤"字从麤，表示"鹿行扬土"，群鹿奔腾，尘土飞扬。"麤"后来简化而新造会意字"尘"，原字遂废而不用。

甲270　　乙3763　　亚凫鸦尊　　《说文》籀文

凫，chuò，"，獸也，似兔，青色而大。象形，頭與兔同，足與鹿同"。似兔而大的青兽形。所谓"头与兔同，足与鹿同"等说法，只是就篆文字体而言。

兽册爵　　　乙918　　　京津2344　　　函皇父鼎

兔，tù，"，獸名。象踞，後其尾形。兔頭與㲋頭同"。甲二七〇，石鼓，象兔子形，突出其大耳、短尾。"兔"字上的一点，正表示其尾巴短。

莧，huán，"，山羊細角者。从兔足，莧聲。讀若丸，寬字从此"。寿春鼎，细角山羊。注意，此字上部非从"艹"而从"屮屮"，表双角，《说文》："屮屮，羊角也。"

燕706　　前1.33.7　　柏10

鼠，shǔ，"，穴蟲之總名也。象形"。屯南三八四六，象老鼠形，突出其尖牙利爪和长长的尾巴。汉字构形不同于画画，只突出主要的特征，如老鼠的牙齿能终生生长且长得快，需要不停地咬东西来磨牙，因此常常啃坏人们的东西，为人所恨。《诗经·行露》："谁谓鼠无牙，何以穿我墉？"说的就是这种情况。因而 字先要突出老鼠的长牙，以及啃出的残屑；啃人的箱子就要挨打，所以要快逃，就突出两只爪子；逃跑时要准确钻进小洞口，就突出作为平衡器和方向舵的长尾巴。

关于鼠字，还有个小故事：曾经有个叫尼克的英国朋友，初学了几个汉字，就带了一个翻译到我家里来，问我老鼠的"鼠"最后一笔是不是尾巴。这件事促使我不断地去讲文字的构形原理。一个才认识几个汉字的外国人，一眼就能看清汉字本身的这种形象性，而很多小学老师在教学生认字写字时，只告诉你先写哪一笔，后写哪一笔，一共写几笔，对于汉字本身的构形意图却知之甚少，自然使学生学得一头雾水，只能靠死记硬背了。如果老师能了解汉字的构形意图，甚至能用篆书把字的形象画出来，再解说每个笔画的含义，那么每个孩子都能学得会、记得牢了。

铸叔皮父簋　　叔皮父簋　　舒盉壶　　包2.33　　上（2）.容.37

皮，pí，" ，剥取獸革者謂之皮。从又，爲省聲"。 叔皮父簋，用手剥下带毛的完整兽皮。"皮"未治，为卷着的头、身、尾形；"革"已治，为平置摊开形，可知革是在皮的基础上加工整治了的。一说"皮"为手持剥皮铲形，以工具代对象。

霝君啟车节　　　康鼎　　　　包2.264

革，gé，"革，兽皮治去其毛，革更之。象古文革之形"。ꙮ康鼎，治去毛的兽皮。革是皮加工过的成果，比如说买了件衣服是皮的，那就意味着它的质地是真皮；如果说是革的，其质地有可能是经过加工处理的人造革。所谓"兽皮治去其毛，革更之"，即把兽皮上的赘肉剃掉，毛梳理干净，把卷筒形的皮撑开理平晾干，就变成可用的革了。故革有朝着好的方向改变的意思，如改革、革命、洗心革面等。其中"革命"一词早在《尚书》中就出现了，后来传到日本，近代又从日本引用了回来。

四、鸟类

鸟类字主要有从佳、从鸟的分别，我们经研究认为，从佳构形的字系应该早出于从鸟构形的字系。佳类字早出，占有字用系统中很多常用、通用的概念，如雇、雕、雝（雍）、舊（旧）、隻（只）、雙（双）、離（离）、奮（奋）、奪（夺）、霍、雜（杂）、集、隽等。隹类常用字词远多于鸟类。不过从鸟构形的字系后来居上，不但大量新造从鸟字表示不断新出的鸟名，而且类化作用还把一批早先从隹构形的鸟名之字改造成从鸟之形，使从鸟字大大超出从隹字。统计《说文》所收字，除去以鸟代隹的字，"鸟""隹"两部字数分别为115个和39个。

"干""芉""畢""率"是最早的长柄捕鸟网器，之后发展出多种形制的罩撒类网，还有设置机关的技术型网类。捕鸟之字占《说文》网类字的大多数，其中捕雉之字最多，捕兔之字次之，而捕鱼之字反而是少数，加上《说文》禽鸟类字比鱼鳖类字多出数倍，足以说明上古早期捕鸟为食曾一度是最主要的生产生活内容，比捕鱼猎兽更重要也更常用。可能那时的禽鸟多而且肥笨易捕，后来罗捕得太多了，致使鸟越来越小，越飞越高，人不得而食，只好把重点转移到捕鱼狩猎上去了。各类历史与文化书籍中都未讲到初民一度以捕鸟而食为主要生活方式，而《说文》字系却提供了如此丰富的资料。罗、置、署、罢、罩等古今常用字从设网捕鸟构形，

"罒"为"网"的变形，说明远古时期设网捕禽鸟的经验在人们意识中的影响极为深远。

甲 806　　乙 6664　　前 4.42.5　　鸟且甲卣　　子之弄鸟尊

鸟（鸟），niǎo，"，長尾禽總名也。象形"。甲二〇四，象鸟形。《说文》说鸟是长尾巴禽鸟类的总名，隹是短尾巴的总名，为什么呢？笔者认为，先有"隹"后造"鸟"。早期的"隹"个大肉多体笨，尾巴短而飞不高飞不快，易于捕捉而食。后来越捕食鸟的个子越小，飞得越高，就难以捕捉了。飞得渐高渐远的鸟，自然身体更小尾巴更长了。于是造长尾巴的"鸟"字，后出的各类禽鸟类字多从鸟构形。

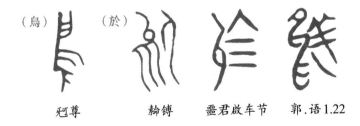

（烏）　　（於）

疘尊　　　鰯鎛　　霝君啟车节　　郭.语1.22

烏（乌），wū，"，孝鳥也。象形。孔子曰：'烏，盱呼也。'取其助气，故以爲烏呼"。效卣，乌鸦全黑而不见黑眼

珠，故"乌"比"鸟"少眼珠一笔。"乌"同"於"，用于虚
词"乌（於）呼"等。

乙 660　　　后 1.18.6　　　小臣艅犀尊

隹，zhuī，"隹，鸟之短尾總名也。象形"。佚五一八背，
鸟形，早期禽鸟类字多从隹，如雄、雌、難、羅、集、奮、
維、𫛛、隼、雞、雁等，成为后来的常用字。先有隹，后造
鸟，从隹字多为常用字，从鸟字多为鸟名。少数常用字是隹、
鸟混用互通的，如"雁－鴈""雞－鷄""雛－鶵"等。这两个
部首构成的字，在《说文》里面有 200 多个，说明鸟在我们古
代人的生活里有多么重要。

雔父癸爵　　　　　雔父辛觶

雔，chóu，"雔，雙鳥也。从二隹。讀若讎"。周原卜甲
五三，用双鸟表示成对。雔就是成双成对，如鸳鸯、鸿雁等，

引申为匹敌、对等。所谓"嘉耦曰妃，怨耦曰仇"，"仇"就是"雠"，用其本义，"仇恨"是引申义。

续1.7.6　　　　小集母乙觯

雥，zá，"雥，羣鸟也。从三隹"。续一·七·六，用三个"隹"会群鸟杂处、嘈杂之意，与"襍""雧"同。"雧"就是树上（木）很多鸟（雥）结集在那里，后简化作"集"；众鸟叽叽喳喳地叫就是"襍"，后简化作"杂"。

瞿，jù（qú），"瞿，鹰隼之视也。从隹，从䀠，䀠亦声。读若章句之句"。会鸷鸟圆睁双目惊视之意，有如猫头鹰睁大一对圆圆的眼睛。

鬲奞爵　　兄丁奞觯　　噩季奞父簋

奞，suī，"奞，鸟张毛羽自奋也。从大，从隹。读若睢"。噩季奞父簋，会鸟振翅向上奋飞之意。"奋"从奞，大鸟展开双翅从田里奋力飞起，十分励志的情状，后简化作"奋"。

乙 603　　　铁 121.2

萑，huán，"萑，鸱屬。从隹，从丫。有毛角，所鳴其民有旤。讀若和"。铁二六二·一，象毛角高耸的鸱鸮或猫头鹰类之鸟形。注意"萑"从"丫"不从"卝（艸）"，与从艸的"萑"有别，《说文》："萑，艸多皃。从艸，隹聲。"

林 1.7.21　　　拾 8.14　　　拾 3.4　　　曾侯乙钟　　　犀父己尊

羽，yǔ，"羽，鳥長毛也。象形"。京津四七六二，象鸟羽之形。

明 715　　　甲 920　　　包 2.223　　　郭.语 3.10

习（习），xí，"習，數飛也。从羽，从白"。甲九二〇，会小鸟振羽从台上（白）频频起落练习飞翔之意。"数飞也"，就是要反复学习、实践的意思。小动物生下来就要赶快站起来奔跑或飞上天，否则就会落伍而被猛禽猛兽吃掉。故小鸟要反复练习飞翔。"学而时习之"的"习"就是要不断练习、复习、实践，而不仅仅是复习。

飛（飞），fēi，"飛，鸟翥也。象形"。小篆作飛，象鸟展翼而高飞形。

戬42.10

非，fēi，"非，違也。从飛下翄，取其相背"。拾一一一·八，毛公鼎，鸟向两边展双翅飞翔之形，用以表排列、相反、相背义。一说非为"飛"本字，如安徽阜阳汉简《诗经》"匽匽（燕燕）于非"句，以"非"代"飛"。"飛"和"非"本义相同，后用"飛"专门表示飞翔，"非"表示相反、相背。

卂，xùn，"卂，疾飛也。从飛而羽不見"。卂伯簋，用鸟快速飞行的剪影表示迅速，飞行速度太快，就看不到翅膀的振动，只看到快速前进的身影。"卂"后起字加"辵"作"迅"。

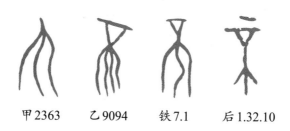

甲 2363　　乙 9094　　铁 7.1　　后 1.32.10

不，fǒu，"𢾭，鳥飛上翔不下來也。从一，一猶天也。象形"。𢾭佚五四，𢾭天亡簋，人看着鸟儿向高空飞升，最终看不见了，故"不"表示否定。一说甲骨文"不"象花蒂形，或作"柎"。花蒂的"蒂"本从不，"杯""盃""柸"形似花蒂也从不。果子长出则花蒂脱落，因而有否定义。两种说法都不违背构字意图，各有道理。

甲 1560　　乙 7795　　大盂鼎　　郏公轻钟　　《说文》古文

至，zhì，"𡳿，鳥飛從高下至地也。从一，一猶地也。象形"。𡳿乙七七九五，𡳿大盂鼎，《说文》认为是鸟从高处飞到了地上，有到达、顶点的意思。"冬至"的"至"就是顶点的意思，意思是说这一天白天最短，晚上最长，是冬季昼夜时差到达顶点的一天；反之，晚上最短，白天最长，就是"夏至"

了。一说甲骨文象箭（矢）飞来降到地面，也有到达和顶点两义。"鸟飞至地""矢落至地"，都有到达和顶点两义，构字意图相同，不易辨别对错。不过据考究，造"至"字时，应在庖羲氏结网捕鸟鱼的时代，当时弓矢应该还没有发明。

戬26.7　　甲816　　甲740　　伯戏簋　　多友鼎

西，xī，"，鸟在巢上。象形。日在西方而鸟棲，故因以爲東西之西"。菁一·一，散盘，本用鸟归巢形表示栖息，日落西山鸟归巢，故借以表示西方义，其本义另造"栖""楼"字。

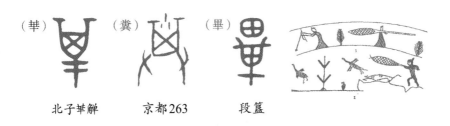

（華）　　　（糞）　　　（畢）

北子華觯　　京都263　　段簋

華，bān，"華，箕屬，所以推棄之器也。象形。官溥説"。，当为捕鸟的长柄网，或说为推运粪的箕畚类器具，"糞（）"字原从華。加"田"为"畢"，，当为长柄网网住鸟窝形。

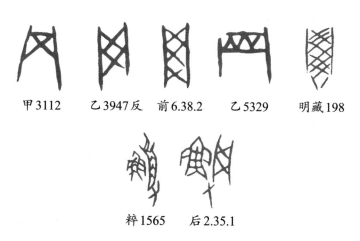

甲 3112　　乙 3947 反　　前 6.38.2　　乙 5329　　明藏 198

粹 1565　　后 2.35.1

网，wǎng，"网，庖犧所結繩以漁。从冂，下象网交文（纹）"。网乙三九四七反，网乙五三二九，象捕鸟、鱼等所用的网形。由此可知，伏羲时代人们就会结网捕鸟捕鱼了。

甲 308　　宁沪 3.154　　大盂鼎

率，shuài，"率，捕鳥畢也，象絲罔（网），上下其竿柄也"。率大盂鼎，象捕鸟的丝网形，两头有总提之绳（纲），中部是可撒开成眼睛形的网眼（目）。结网捕鸟的时候，有粗纲细目之分，纲举目张，故"率"有率领义，也有顺随义。

结合汉字字形，回顾文字本身的来源，不仅能让人们更好地了解文字的发展，还能帮助人们了解上古社会很多没有被史籍所记载的文化知识，从而更好地认识中华文明史的发生和发展。正如章太炎所说："文字和语言本身就是历史。"的确如此，并非史书记载的才是历史，西方的语言学家也表达过同样的观点。总之，文字可以帮助我们了解那些被遗忘或被遗漏的历史。

第五讲　植物与庄稼类基础字形讲析

　　植物是人类生存的资源环境与生活资料，植物类字的构形也属于"远取诸物"一类的观物取象。野生草类、木类植物无处不在，提供给人们丰富的生产生活资料，使得人们造出很多的字形来表达其多方面的信息。

　　古代中国，很早就形成以农业为主的社会，庄稼是先民赖以生存的主要食品来源。《说文·禾部》："稷，斋也，五谷之长。从禾，畟聲。""稷"即粟（小米），种植很早，也用以统称谷物。尧帝的臣子名稷（神化后则作"禝"），教民播种百谷，被尊为"谷神"，周代的祖先弃也被尊为谷神"后稷"。祭祀祖先可承血统，播种百谷能养百姓，所以国家朝廷就称为"社稷"。《说文》庄稼类字多用来表示粮食作物，而麻类字则表示麻很早就用于纺织与捆束了。

一、草类

　　粹193　　　陈44　　　中作从彝盉　　郭.六12

　　屮，chè，"屮，艸木初生也。象丨出形，有枝莖也。古文或以爲艸字，讀若徹"。 佚八四，中作从彝盉，象草形，一茎两芽叶，叶朝上。

　　艸，cǎo，"艸，百芔也。从二屮"。草不单生，故合两个屮而为艸。艸为百草通名，后被原本表示结橡斗可染黑色的草（zào，即皂或皂）斗之"草"所代替，而其自身则作为构字偏旁用在字上部，写作"艹"。《说文·艸部》多达445个字。

　　帛乙1.32

　　芔（卉），huì，"芔，艸之總名也。从艸、屮"。《说文》"艸"下云"百芔"，而"芔"下云"艸之总名"，可见"芔""艸"相通。草喜丛生，故合三个屮而为"芔"，作艸的总称。后来卉渐渐偏向指称观赏草，如"满天星"之类，故后世往往"花卉"连言。注意不要将"卉"误解为花。

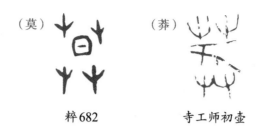

（莫）　　　　　（莽）

粹682　　　　　寺工师初壶

茻，mǎng，"茻，眾艸也。从四屮。讀與冈（网）同"。草不仅丛生，且可连成茫茫一片，故合四屮为"茻"，即茫茫莽原的本字。一草为"屮"，二屮为"艸（草）"，三屮为"芔（卉）"，四屮为"茻"。"茻"后被鲁莽之"莽"代替。莽本表示猎狗在深草中埋伏，等猎物出现而突击，可参第四讲有关"犬"的内容。茻作构字偏旁发生变形，如 𦱤（莫），会日落茻中之意，即日暮本字。南唐后主李煜词"独自莫凭栏"，其中"莫"也应读作"暮"，而非否定副词，意思是说由皇帝沦为阶下囚的李煜，独自一人在天黑时分靠着栏杆眺望故国，心情非常落寞。由于"莫"经常借用作否定词，现在就只知念mò，而不知念mù。在日暮义上，"莫"与"暮"为古今字。

甲2815　后2.28.4　掇1.385　史墙盘

屯，zhūn（tún），"屯，難也。象艸木之初生，屯然而難，从中貫一。一，地也。尾曲"。小草（中）发芽刚刚要长出地平线（一）的艰难状态就是屯。故屯有"艰难""停顿""屯生"等义。"旾（春）"从屯，从日，是指日光和煦、小艸屯生的季节。小草屯生，往往连比丛聚，故屯又有"聚集"之义。东北很多村落叫屯，"村"字本作"邨"，从屯，也是这个道理。聚集起来就有了停留的意味，故停顿之"顿"字亦从屯，从页，"顿首"即一下一下点头叩地而稍作停留。

格伯簋　　　郘王糧鼎　　　庚儿鼎

菜，cài，"菜，艸之可食者。从艸，采聲"。采，会手爪在木、艸上采摘果子或叶子之意。最初是采野菜，后来才种菜。"菜"常被错讹成"菜"。

甲200　　粹1131　　作册大方鼎　丰作父辛尊　　包2.26

生，shēng，“，進也。象艸木生出土上”。甲三八〇，穆公鼎，草木从土上长出之形。草刚要长出而还未长出地面为“屯”，而一旦长出地面则为“生”，活生生的样态。

甲180　　甲3113　　散氏盘　　小克鼎　　楚王酓忎鼎

之，zhī，“，出也。象艸過中，枝莖益大有所之。一者，地也”。草芽（屮）由地（一）长出貌，有往义，如“孟子之滕”的意思就是孟子去往滕国。甲骨文、，或说象人脚板（止）从某处（一）出发。往，甲骨文作，从之，王声。

后2.30.8　　师寰簋　　蔡大师鼎　　楚王酓忎鼎　　陳纯釜

帀，zā，“，周也。从反之而帀也。周盛說”。㞢（之）正、帀倒，即“帀”为“㞢”的倒写。《说文》有“倒文”或“反文”的说法，如“匕从到人”“𠂣从反亯”“反正为乏”“司从反后”“㐆从反身”“丸从反仄”“𠂢从反永”等，但颇多争议。

"之"与"帀"，一个往上一个往下，正好180°，故帀有"环绕周遍"义。"帀"同"匝"，曹操《短歌行》"绕树三匝，何枝可依"句，"三匝"就是三圈的意思。

（出）

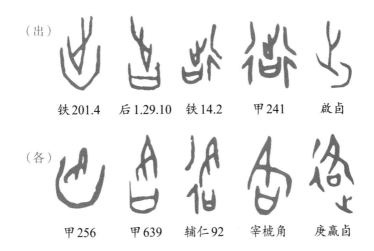

铁201.4　后1.29.10　铁14.2　甲241　啟卣

（各）

甲256　甲639　辅仁92　宰椃角　庚嬴卣

出，chū，"，進也。象艸木益滋，上出達也"。象草木往土上长出。甲骨文作，金文作，会脚趾向外（止）从穴居洞口（口）离开之意。"出"与（各）脚趾向居所走来相反。又"客"从各，他人脚板（夊）向你的门口（口）走来，正是外来者；与此相关的还有"賓"，从贝，带钱来的是宾，不带钱的只是客。"各"的本义就是"来""至"，后起字作"徦"，或通作"格"。所谓"格物致知"，格就是"致"，都是来到的意思。"格物"是使外物的正确形象来到脑中，"致知"是使知识进入心中。其中的"格"用的正是"各"的本义。

"各"与"硌（格）"为古今字。

朵，pò，"🌿，艸木盛朵朵然。象形，八聲。讀若輩"。形容草木茂盛、因风舒散的样子，即芾芾、旆旆或沛然下雨、充沛等字的初文。"朵"与"芾""旆""沛"同。另如孛，人变色，从朵，从子；勃，生机勃勃，从力，从孛。"孛""勃"的音义也与"朵"有着不解之缘。

二、木类

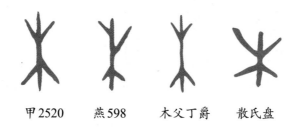

甲 2520　　　燕 598　　　木父丁爵　　　散氏盘

木，mù，"🌿，冒也。冒地而生，東方之行。从中，下象其根"。树木从地上长（冒）出，用"冒"训木是声训。🌿甲三五一〇，树木，象其枝、干、根形。现代汉语中的"木"字已经跟造字时的木不太一样了。古人没有"树"这个名词，造字时的"木"就是"树"，比如《说文》"松，木也"，是说松是一种树。《说文》木部有 421 个字。

前 7.20.3　邺 3 下 .36.1　存 2734　佚 383 背　征作父辛角

未，wèi，"，味也。六月，滋味也。五行，木老於未。象木重枝葉也"。"未"在造形上强调树冠。后上一〇·五，守簋，木老味重，则同"味"；重枝叶而幽暗，又同"昧"；枝叶生在树顶，又同"末"，"未""末"都是明母字。"未"后来借作地支字，十二时的"未时"在正中午的"午时"之后，即午时末。

前 4.42.1　后 2.7.3　前 4.42.2　掇 2.463　义楚觯

耑，duān，"，物初生之题也。上象生形，下象其根也"。义楚觯，植物破土长出芽，发端。上为新芽下为深根，是为两端。"耑""端"同。

（本）　　（末）　　（朱）

上（1）.孔.16　　　蔡侯纽钟　　　夨方鼎

本，běn，"朱，木下曰本"；末，mò，"朱，木上曰末"；朱，zhū，"朱，赤心木"。这三字均为指事字。"本"是在一棵树底下打一个点，标示树根，所以"本"就是"根"，后世常常"根本"连言。写字读书用的书本，其命名也与树根、根柢有关，因为书本是我们读写的根本依据，就好比树木有根才可以生存一样。此外，原本、本质、剧本、脚本等，道理也与此相仿。

"末"是在树梢上面打一点，标示树顶。古无轻唇音，"末"和"未"古音相通，本来应是一个字，均念mèi，现代汉语为了便于区分，就将"末"的上一横写长，而将"未"的上一横写短。

"朱"是在树木躯干部位打一点，标示树干。所谓"赤心木"，是说树干中心是红色的，这种树就叫朱树，后出字作"株"。这种树纹理鲜红，材质很好，做成门就是"朱门"，而未必是用红漆涂成的大门。可以推想，今天姓朱的人家，其祖先肯定是封在一片有朱树的地方，而以朱为氏的。

杲，gǎo，“杲，明也。从日在木上”；杳，yǎo，“杳，冥也。从日在木下”；休，xiū，“休，息止也。从人依木”；采，cǎi，“采，捋取也。从木，从爪”。这四字均为会意字，且巧妙利用“木”参与构形，只是位置关系不同。太阳跑到木的顶上，表明日值中天，就是“杲”，会明亮之意；太阳掉到树底下了，表明日薄西山，就是“杳”，会昏暗之意；一个人靠在木旁，即所谓“从人依木”，就是“休”，会歇息之意；一只手在木上摘取叶、果之类，就是“采”，会捋取之意。

（林）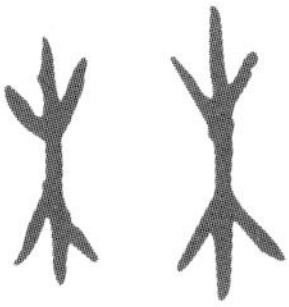

邺3下.46.15

（森）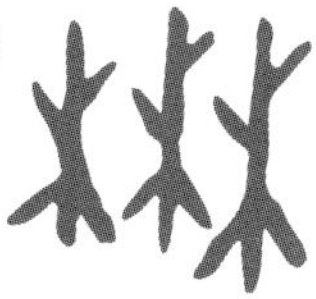

金472

林，lín，“林，平土有叢木曰林。从二木”。用双木表丛生的树林。一个木是“木”，两个木是“林”，三个木是“森”。

森，sēn，“森，木多皃。从林，从木”，用三个木会树木高耸茂密之意。一棵树为木，合二木则为林，合三木则为森，表明树木数量规模的激增，其理与“屮－艸－茻－茻”相似。三表示众多，一般树丛称林，大、小兴安岭才称“森林”。

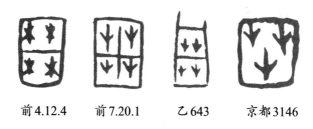

前4.12.4　　　前7.20.1　　　乙643　　　京都3146

圛（囿），yòu（yù），"⊡，苑有垣也。从囗，有聲。一曰禽獸曰囿。圛，籀文囿"。像一个四面合围，里面长满了草木的地方。这样一个地方，一则表示范围的"囿"；一则因其草木葱郁（鬱），且四面围合，给人以压抑郁闷之感。"圛"与"鬱""郁"同。

乙8697　　　束作父辛卣　　　保束爵　　　束鼎

束，cì，"朿，木芒也。象形。讀若刺"。朿甲六三五，朿束鼎，象木上生刺形。同"刺"。刺从束，从刀，意思是说，它像刀刃一样锋利。

乙2772　　　　　菁11.18

片，piàn，"片，判木也。从半木"。片乙二七七二，古币文作片，剖木为二（片 + 片 = 木），左半为"爿"，即"牀"字初文，厂从人，象倚箸爿上之形；右半为"片"，即所谓"半木"。

铁 160.3　　　免卣　　　丰作父辛尊　　曾姬无恤壶

才，cái，"才，艸木之初也。从丨上贯一，将生枝葉，一，地也"。才续一·三·六，才后下三五·六，草木初生正在冒出地面形。草木正要长出而还未长出地面为"屯"，刚刚破土而出则为"才"，一旦长出地面则为"生"。又《说文》："在，存也。从土，才聲。"实则"在"从才，从土，"才""在"音义通。草木长出地面的一刻，也就是从感官上显示草木存在的一刻。此外，"栽"从木，㦬声，也与"才"同音而相通。现在通常管草木类叫"植物"，植物就是"栽物"，即在感官上让我们觉得一动不动地树立在地面上的事物，即物的存在。

乙 5783　　　乙 8896　　　珠 679　　　郭．老乙 16

毛，zhé，"乇，艸葉也。从垂穗上貫一，下有根，象形"。象草（艸）叶垂下之形。草（艸）叶依托于根、干，故托从乇；人依托于房子，故宅从乇。"乇""宅""托"音义同源。

桀，jié，"，磔也。从舛在木上也"。古鉨文作，象人两脚分开置于树上形。其构形意图大致有二：一则分解肢体，开张悬于树上以示众，同"磔"或"蹀"；二则双脚高高在上，以示杰出显著，故"傑（简化作"杰"）"从桀。此外"椉（乘，）"亦从桀，所谓"加其上曰椉"，"椉""桀"构形意图大同小异。

甲 2289　　　　萬簋　　　　守宫盘　　　　束盘

束，shù，"束，縛也。从口、木"。甲二二八九，束盘，象绳索捆缚木柴棒之状。

前 6.57.7　　乙 478　　京津 4345　　明公簋

東（东），dōng，"，動也。从木。官溥说，从日在木中"。王筠"从日在木中，日升扶桑之谓"，表示东方。前六·三二·四，京津四三四五，象两头打结，中间盛物的袋子状，即"橐"。"重"字从東，正用此义。后来"東"常被借用作方位名词，故有"日在木中""日升扶桑"等种种附会，其本义遂不用。

甲 205　　亚若癸方彝　　大盂鼎　　毛公鼎

叒，ruò，"，日初出東方湯谷，所登榑桑，叒木也。象形"。"叒"象树木开花滋长形，"桑"为"叒"下加"木"，形容桑树枝叶茂盛之状。叒又同"若"，乙三六六四，大盂鼎，曶鼎。《说文》提到的"榑桑"，又作"扶桑"，又称"若木"。"扶桑"即"若木"，盖"桑"与"若"通，亦即"叒"同"若"。相传"扶桑"为东方日出之地，故从前又称日本为扶桑。一说甲金文"若"，象人双手梳理长长的头发形，此种说法仅供参考。

烝，chuí，"，艸木華叶烝。象形"。象一树繁花及茂叶累累下垂之形。"烝"后来借"垂"为之用，本形遂废。"垂"为边陲本字，故从土，边疆垂伸至远方。"烝""垂""陲"通。

命簋　　　大克鼎　　　华季益盨　　　仲姞鬲

芌，huā，"芌，艸木華也。从乑，亏聲。荂，芌或从艸，从夸"。華季益盨，象树上开满花而朵朵下垂之形。

華（华），huā，"芛，榮也。从艸，从芌"。古鉨文作芛，即"芌"的后出字，上加"艸"。草木均开花，"乑""芌""華"，原本均为花朵形，只不过字有繁简而已。古圣王舜又名重华，"舜"字原本也表示一种繁花，《诗经》说："颜如舜華。"《说文》："舜，艸也。楚謂之葍，秦謂之藑。蔓地連華。象形。"亦不外此意。故有人认为"华夏""中华民族"云云，或与此相关。汉字简化以后，"芌""華"本义皆作"花"，"華"又作"华"。"芌（花）""華（华）"古都读平声，近代分化后，"芌（花）"读阴平，为名词，"華（华）"读阳平，为形容词。

禾，jī，"禾，木之曲頭，止不能上也"。树顶折曲，不能继续生长，故有停留之意。"禾"同"稽"。

郭.五33　　睡.编52　燮作周公簋　小臣守簋

稽，jī，"稽，畱止也。从禾，从尤，旨聲"。稽睡.编五二，"稽"为"禾"的后起形声字，依然训为"停留"。稽为人停住低头细看形。所谓"稽查"，就是说事态不能再往前发展了，得暂时停下来审查；"稽首"，就是叩头至地，让头在地面上停留一会儿，其字或作"頴"。后世常"稽留"连言。需要注意的是，稽本从"禾"，不从"禾"。

班簋

巢，cháo，"巢，鸟在木上曰巢，在穴曰窠。从木，象形"。巢班簋，象树上鸟窝形。又，窠或从穴、巢，作"窠"，《龙龛手镜》："窠，今。窠，正。窟也，巢窠也。"

桼，qī，"桼，木汁，可以髤物。象形。桼如水滴而下"。桼五十二病方三八二，象树汁下滴形。天上掉水是"雨"，眼睛掉水是"泪"，树上掉水是"桼"。"桼"后来加"氵"作"漆"，与"益"后作"溢"、"然"后作"燃"一样，属于重复繁化现象。

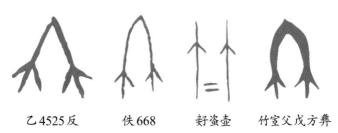

乙4525反　　　佚668　　　舒盨壶　　　竹窒父戌方彝

竹，zhú，"艸，冬生艸也。象形。下垂者，箁箬也"。古币文作↟↟，用下垂竹叶指代竹子。或谓用竹笋下垂的壳（箁箬）代竹子。"艸"叶朝上，而"竹"叶向下，二者区别明显，古人观察细致入微。竹子使用很早，《说文》竹部有144个正篆，如笔、简、篆、籍、笺、箭、管、符、箱、箕等皆从竹。或曰简化字"个"源自"介"字，但更有可能取用的就是半边"竹"字，《史记·货殖列传》就说："木千章，竹竿万个。"

支，zhī，"含，去竹之枝也。从手持半竹"。含，手持枝条表分支，"支"与"枝"同。

乙7672　　　前5.6.1　　　亚其矣作母辛卣　　　毁鼎

箕，jī，"箕，簸也。从竹，囚象形，下其丌也"。乙三四〇〇，母辛卣，象簸箕形。"𠀠""其"同。，本是盛放或滤物时置于架上（丌）的簸箕状，后同音借用作代词"其"，"其"加"竹"作"箕"，表明最早的簸箕是用竹子做的。其发展序列可表示为：𠀠+丌→其→箕。

谷盨器　　兆域图铜版　　宜侯矢簋

丌，jī，"丌，下基也，薦物之丌。象形。讀若箕同"。象基架形。"丌"或"几"是一种平板而两头有足落地的几案，经常用于放置东西。"𠀠"置于"丌"上为"其"，"册"置于"丌"上为"典"（见下文），"酉（酒坛子，若散发酒香则为'酋'）"置于"丌"上为"奠"。

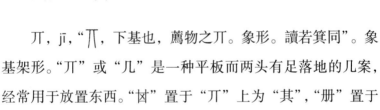

甲 1483　　　　乙 1712　　　　粹 1097

册（册），cè，"册，符命也，諸侯進受於王也。象其札，一長一短，中有二編之形"。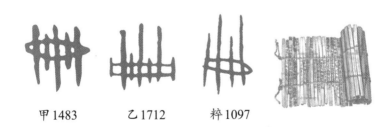前四·三七·六，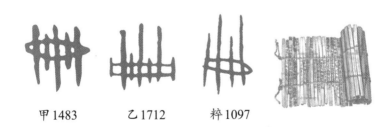善夫山鼎，象编

竹简而成的书册形。书籍常以“册”作为量词，就是因为早期的书籍形制就像“册”字一样，是用绳索将一片片写上字的竹简编连而成。孔子晚年读《易》，孜孜不倦，以致“韦编三绝”。“韦”就是指编连竹简的牛皮绳，意思是说孔子读书很用功，连编缀书册的牛皮绳都多次被翻断了。

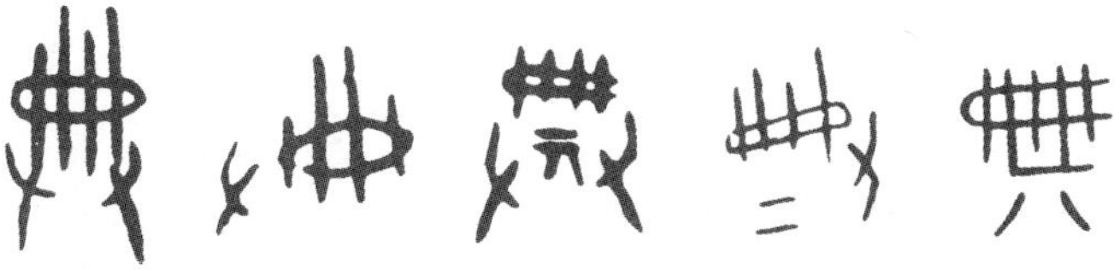

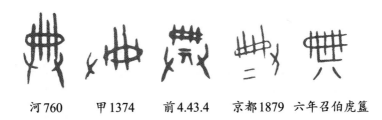

河760　甲1374　前4.43.4　京都1879　六年召伯虎簋

典，diǎn，“典，五帝之書也。从册在丌上，尊閣之也”。只有最重要的值得累世传诵的书册才会被放置在丌架之上，有敬重之意。故“典”往往含有隆重、正统的意味，如典礼、经典、典要、典型等。

三、庄稼类

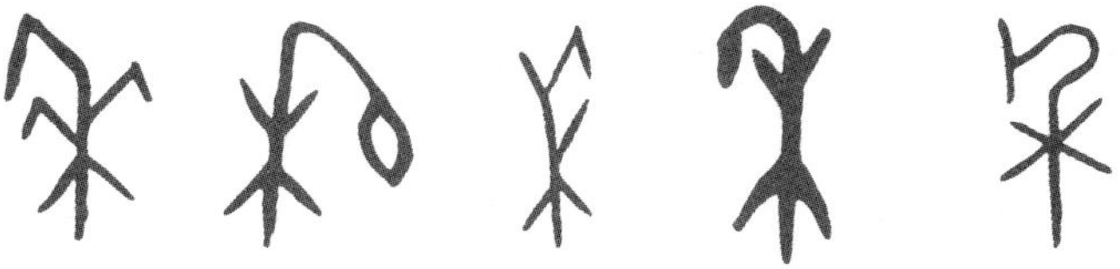

甲191　乙4867　后1.24.9　大禾方鼎　噩君啟车节

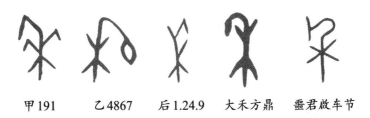

禾，hé，“，嘉穀也。二月始生，八月而孰（熟），得時之中，故謂之禾。禾，木也，木王（旺）而生，金王而死。从木，从𠂹省，𠂹象其穗”。后一·二四·九，乙四八六七，象庄稼结实垂穗形，突出其沉甸甸而弯枝下垂的穗，即所谓“垂颖而顾本”。“禾”又泛指庄稼。先民长期处于典型的农耕社会，与庄稼的关系至为密切。《说文》禾部87个字，如秀、稀、私、颖、季、秦、称等皆从禾。

秃（秃），tū，“，無髮也。从人，上象禾粟之形，取其聲。王育説：蒼頡出，见秃人伏禾中，因以制字。未知其審”。王育的说法是《说文》引前人而有不可解之处的例子。本义是人头发少，王筠谓《玉篇》作“儿上毛（秃）”，婴儿毛发稀疏，近秃，后讹“毛”为“禾”，可备一说。又秃人无发，则梦想头发稠密如禾，也可备一说。

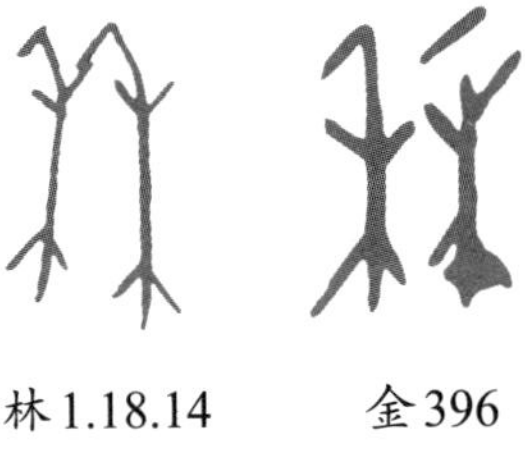

林1.18.14　　金396

秝，lì，“，稀疏適也。从二禾。讀若歷”。禾间稀疏适度分布，适秝均匀貌。“厤”“歷”“曆”同。厤，治而调和，如禾适秝均匀，有条不紊。“历历在目”和“历数”中的“历”

当作此"秝"。歷，脚板（止）有条不紊地（厤）经过，"经历""履历"中的"历"即作"歷"；曆，时间（日）有条不紊地（厤）经过，"历史""历法""日历"中的"历"即作"曆"。

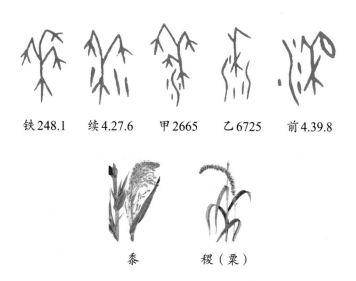

铁 248.1　续 4.27.6　甲 2665　乙 6725　前 4.39.8

黍　　稷（粟）

黍，shǔ，"黍，禾屬而黏者也，以大暑而種，故謂之黍。从禾，雨省聲。孔子曰：'黍可爲酒，禾入水也。'"甲三八一四，前四·三九·七，依孔子说，黍黏可酿酒，故禾形下加水。或说甲骨文"黍"为水稻的本字，故从水。稻早期盛行于南方，北方少见，此种说法有待考证。"黍"和"稷"是古代主要的农作物，亦泛指五谷，如《尚书·君陈》："黍稷非馨，明德惟馨。"

香，xiāng，"香，芳也。从黍，从甘。《春秋傳》曰：'黍稷馨香。'"篆作，饶炯《部首订》："艸臭之美者曰芳，谷臭之美者曰香。然谷食之臭，黏者尤甚，故芳香之香从黍甘会意。"《说文》谓"香"字下部"从甘"，也可能是一个盛米或煮米的小锅，置黍其上，芳香四溢。"香"后由黍米香扩展指一切香味，词义扩大；而"臭（xiù）"由一切气味缩小到偏指难闻的气味，词义缩小。"臭"从犬，从自，自指鼻子，猎犬的鼻子最灵敏，以其鼻闻气味，动作为"齅（后作"嗅"）"，对象为"臭（xiù）"。大概是因为后来猎犬沦为看家狗，其鼻不必再闻野兽等各种气味。"臭味相投"，原指彼此嗅觉和味觉相同而投缘，是个中性词，后来将"臭"由xiù念成了chòu，意思是有同样坏毛病、恶嗜的人厮混在一起，变成了贬义词。杜甫诗"朱门酒肉臭"中的"臭"，当念xiù，本为酒肉香味飘出。

米，mǐ，"米，粟實也。象禾實之形"。后上二五·七，粹二二七，象筛子上下米粒集列形。

臼，jiù，"臼，舂也。古者掘地爲臼，其後穿木石。象形，中米也"。中山王墓刻石文，象带齿石臼形。为了便于脱壳去皮，或将谷物捣烂，臼壁往往凿出齿状深纹。

铁77.1　　后2.38.8　　校卣　　四祀𠨦其卣

午，wǔ，"𦥑，啎也。五月陰气午逆陽，冒地而出。此予（與）矢同意"。后下三八·八，召卣二，"午"即"杵"的初文，象春米、洗衣用的棒槌形。以杵捣臼，故引申有"抵触""忤逆"之义。"午"后借作地支字，本义遂为"杵"所专。"午"与"杵"为古今字。

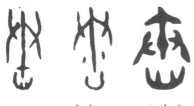

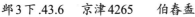

邺3下.43.6　　京津4265　　伯春盉

毇，huǐ，"𣪠，米一斛春爲八斗也。从臼，从殳"。会以手持杵（殳）于臼中（臼）春米（米）之意。构形意图与"春

（ ）"相仿，很好地展示出古人将谷物脱皮去壳的生活样态，反映了古人生活的真实与艰辛。《诗经·生民》说："或舂或揄，或簸或蹂。"李白有诗云："田家秋作苦，邻女夜舂寒。"现居住在大山里的人们，尚或保留了这种处理谷物的遗风。

甲 12.18　　甲 3918　　前 4.40.4　　麦盉

麥（麦），mài，"麥，芒穀，秋種厚薶，故謂之麥。麥，金也，金王而生，火王而死。从來，有穗者，从夊"。麦子，加"夊（脚板）"表示"嘉谷天来"，寄寓了古人的一种信仰，今人未必能够理解。金文有"麥"加鸟形，表示鸟衔麦种从天上飞下来。

乙 6378 反　　戬 37.4　　铁 24.2　　粹 1066　　作册般甗

來（来），lái，"来，周所受瑞麥來辨。一來二縫，象芒束之形。天所來也，故爲行來之來。《詩》曰：'詒我來辨。'"

前二·二三·五，墙盘，本象麦子形，古谓麦乃上天赐来，所谓"瑞麦天来"，故用作动词"来去"之"来"。或认为"麥""來"二字错用，论其字形，前者应是动词（加"夊"），后者才是名词。正如"酢"原本为"醶"，"醋"为"客酌主人"，后人却用酢为动词，以醋为名词，词汇意义也正好置换。其实，"來""麥"本是一字，或直写其形"來"，或认为麦种为天赐下来，而加向下的脚板"夊"作"麥"，读音mlai，即"斄來"。后分工为：作名词时读mài，用"麥"；作动词时读lái，作"來"。

前2.15.3　　　乙992　　　明1794　　　墜侯因脊敦

　　齊（齐），qí，"齊，禾麥吐穗上平也。象形"。前二·一五·三，齐史疑觯，商鞅方升，象平原上麦穗平整一望无边之形。或象众物摆放平齐形，难定何物。古时齐为泱泱大国，地势平旷，物产丰博，平川麦田一望无际，"齐"当由此得名。

　　朮，pìn，"朮，分枲茎皮也。从中、八，象枲之皮茎也。讀若髕"。"中"是麻秆，"八"像剥开的麻皮。分麻皮为"朮""枛"，分水流则为"辰""派"。"朮"与"木"形有别，易于讹混。

枲，pài，"，萉之總名也。枲之爲言微也，微纖爲功。象形"。段玉裁《说文解字注》改"萉"为"萉"，"萉，枲实也"，麻种，用代麻名，象麻秆密立之形。注意"枲"与"林"有别。

师麻辇叔簠　　　　　大麻　　　　苎麻

　　麻，má，"，與枲同。人所治在屋下，从广，从枲"。师麻匡，在广（屋檐）下治麻，或将治好的麻收藏广（屋）中。

　　尗，shū，"，豆也。象尗豆生之形也"。尗象茎下有实（豆粒）形。"尗"同"菽"。以手拾豆则为"叔"，金文作，《诗经·七月》有"九月叔苴"，即捡麻子。尗称"豆"是汉代以来的事情，而"豆"原本是指一种高脚的器皿。

《说文》篆文

　　韭，jiǔ，"，菜名。一種而久者，故謂之韭。象形。在一之上，一，地也。此與耑同意"。睡虎地简一九·一八〇，象

地上长出韭菜形。

令狐君嗣子壶

瓜，guā，"瓜，䕡（yǔ，段玉裁《说文解字注》改作蓏luǒ）也。象形"。瓜令狐君嗣子壶，象蔓上结瓜形。若只画圆瓜形，则不易与其他圆形物区别，故加蔓藤以衬托，这叫"依附象形"。依附于藤下的圆坨坨是"瓜"，同类的，依附于崖（厂）下的圆坨坨（口）是"石"，依附于树上（木）的圆坨坨（田）是"果"，依附于手指间的圆坨坨是"丸"。

瓠，hù，"瓠，匏也。从瓜，夸聲"。指细而长的瓠瓜。

《说文》中从木的字有好几百个，从禾的字有一百多个，由此可以想见植物、庄稼与人们的密切联系。从这些基础字形入手，追溯字形构形之源，就会加深对生活日用中与之相关语言文字的理解与认识。

第六讲　自然界类基础字形讲析

　　自然，指天然而非人为的本有状态的宇宙万物。《道德经》说："人法地，地法天，天法道，道法自然。""自"，本是人鼻子形，用作指自己的自称代词；"然"，《说文·火部》："然，烧也。从火，肰声。""然"表示燃烧、明亮、明了、如是等义。用作表肯定的代词，与"否"相对。"然"字再加"火"旁作"燃"。"自然"就是"自己形成这样的"，与"文化"相对应。

　　文化，是指人为干预过了的一切。"文"，是人身上的文身，"化"，是两人倒转所显示的极大变化，二字构形的主体均为人。

（自）　　（然）　　（文）　　（化）

　　大自然是人类生存的大环境，先民一方面对大自然存在着亲近感和依赖性，另一方面又怀有极大的好奇心与敬畏感。人类早期由于科学知识的欠缺，往往有泛神化的倾向，认为自然界万物都有神灵。这样的认知取向，也会影响自然界类基础字形的构形思路。

一、天空类

铁 148.1　　　　我方鼎

一，yī，"一，惟初太始，道立於一，造分天地，化成萬物"。用具象"一"表抽象数目，或谓象一枚算筹横置形。《说文》的说解从系统性的角度来考虑，认为"一"是"太一"，是宇宙万物之始，"亥"是十二地支之末，故《说文》云"始一终亥"，540部首从"一"开始到"亥"结束，形成一个完整的系统。许慎对"一"的解说中，"惟"是发语词，"初"是用刀裁布，为制衣之始，"太"是最大最原始之意，"始"是胎儿（台）从母体（女）生出之初，则"初""太""始"都是从本源，即"一"发端的。古人认为宇宙最初是"一"，所谓"天地浑沌如鸡子"，即像鸡蛋一样浑然一体。然后清气上升为"天"，浊气下沉为"地"，天地化育，有了中间的"人"，形成"天、地、人"三才。有"人"然后生成、创造"万物"，即"一生二，二生三，三生万物"。所以"一"是生成一切、统领一切的本源，字形说解"一"既取自天地混一的"一"形，又取自哲学概念的"道立于一"，这是从汉代人认识和理解世界的角度来说解字形构造意图的。

天父辛卣　　甲 3690　　乙 3008　　乙 1538

天，tiān，"兲，颠也。至高无上，从一、大"。正面人（大）上一横（一），表示头顶（天门盖）。陶渊明有诗："刑天舞干戚，猛志固常在。"其事见《山海经·海外西经》，"刑天"原为炎帝的臣子，后来与黄帝作战，失败而被砍头，就以双乳为目，肚脐眼为口，一手拿斧头，一手拿盾牌，继续战斗。可知"刑天"就是"砍头"的意思，天即头部，后由人头部往上延伸，指代头顶上的天。这种造字方式属于"近取诸身，远取诸物"的表现之一。

甲 1164　　　乙 39　　　　疢钟　　　十三年上官鼎

　　丄（上），shàng，"丄，高也。此古文丄，指事也。丄，篆文丄"。"丄"即"上"字。甲骨文作 ，即二（古文"上"），下一长横，表示相对坐标或参照系，上一短横（或竖），指示坐标或参照系以上的所有空间。"丄（上）"有时也用来表示天，如《尚书·尧典》说"格于上下"，"上下"即指天地。

后 1.1.5　　后 1.1.2　　甲 282　　前 2.38.2　　林 1.18.10

　　示，shì，"示，天垂象，见吉凶，所以示人也。从二，三垂，日月星也。观乎天文，以察时变。示，神事也。示，古文示"。甲骨文作 、 。一说象祖先神主（牌位）或供桌之形，旁边为所洒的酒水，后泛指一切神主。一说为早期"灵石崇拜"，三块竖立石头架起两块横置石头，以代神主，类似于蒙古的敖包、西藏的玛尼堆。许慎说"二（上）"代表天，下面"三垂"代表日、月、星，乃是上天垂示人的意象，即天神降神旨之意。意思是说，"示"是上天（☁）用日月星（川）的变化来警示人间，如日食、月食、星象变化、干旱、洪水等，所以古代帝王见天象灾变，就认为是自己治国无方而上天给予警告，于是下罪己诏及大赦天下，以示敬畏神明。《说文·示部》有60个字，表示神灵、祭祀、祸福、礼制等与天神有关的内容，如礼、福、祥、祸、神、祭、祝、社、祖等，皆从示构形。

前7.36.2 　　洹子孟姜壶 　　洹子孟姜壶

气，qì，"气，雲气也。象形"。三前七·三六·二，象天上云气层层飘浮形。注意"气"与"氣""餼"之关系。《说文》："氣，馈客芻米也。从米，气聲……餼，氣或从食。"段玉裁《说文解字注》："今字假氣为云气字，而饔餼乃无作氣者……（餼）盖晚出俗字，在假氣为气之后。"先有"气"表示云气，从米之"氣"表示馈食、给养，后用"氣"表示云气，新造从食的"餼"表示馈食、给养。"气-氣"与"氣-餼"为两组古今字，今又将表示云气的"氣"简化为"气"。

铁180.2　　铁62.4　　京津4090　　佚374

日，rì，"日，實也，太陽之精不虧。从口、一，象形"。
⊙佚三七四，象太阳形。太阳总是圆的，甲骨文为了便于契刻，
也有刻作方形的。"实也"，古人认为日中有金乌，如汉代王
充《论衡·说日》说："儒者曰：'日中有三足乌，月中有兔、
蟾蜍。'"其实是用一横或点表示日光充盈，《释名》："日，实
也，光明盛实也。"《说文·日部》有70个字，如早、昌、时、
晰、晏等皆从日。

粹700　　　　后2.39.14　　　颂鼎　　　　包2.88

旦，dàn，"旦，明也。从日見一上，一，地也"。呂粹
七〇〇，呈颂鼎，太阳刚升出地（或海）平面形，表示天亮、
早晨。卜辞有"旦至于昏不雨"。

冥，míng，"冪，幽也。从日，从六，冖聲。日數十，

十六日而月始虧幽也"。段玉裁《说文解字注》："冖者，覆也，覆其上则窈冥。" 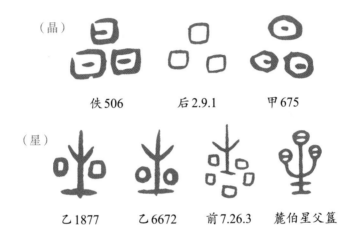诅楚文，中为日，上为幕盖，下为 。两手拉起大幕把太阳盖住，就显得幽暗不明了。

（晶）

佚506　　　后2.9.1　　　甲675

（星）

乙1877　　乙6672　　前7.26.3　　麓伯星父簋

晶，jīng，"晶，精光也。从三日"。甲六七五，星星多，以"三日"表示众多星星。"晶"本指星星，转而用来表示光亮（亮晶晶）后，加"生"而新造形声字"曐"，后又简化作"星"，以表其本义。其发展序列为：日－晶－曐（星）。

甲225　　甲3941　　二祀邲其卣　　不寿簋

月，yuè，"⊇，闕也，大陰之精。象形"。⊇粹六五九，月亮。孔广居《说文疑疑》说："月虽有时而盈，然亏之时多，故古人就所恒见者以立文也。"造字"画成其物"，突出事物典型的区别性特征，与日比较，缺是月亮的主要特征。"月""夕"本同形而为一字，后分开表示，"月"表示月亮，"夕"表示夜晚，且在读音上作了区分，字形上也小有差别。小篆"月（⊇）"与"肉（⊇）"形近，做偏旁往往混同，如看似从月的肝、胆、胖、胃、有等，实际上皆从肉。

前4.10.4　　乙64　　后2.17.3　　矢令方彝　　鹰羌钟

朙（明），míng，"⊇，照也。从月，从囧。⊇，古文朙从日"。⊇乙六四，⊇矢令方彝，为月光由窗户（囧）射入室内而明亮之意。古文中也有从日月作"明"者，"三光"日、月、星，皆明亮。

甲278　　甲903　　戈父辛鼎

囧，jiǒng，"，窻牖麗廔闓明。象形。讀若獷。賈侍中説：讀與明同"。甲二七八，戈父辛鼎，象有间格可透光的窗户形。"囧"因其独特的楷化造形，如今在网络社群间作为一种流行的表情符号被频频使用，且被赋予了"郁闷""尴尬""啼笑皆非"等意味，这是网络时代用以调侃的新用法，与其本义无关。

甲 616　　　甲 1127　　　大盂鼎　　　大盂鼎

夕，xī，"，莫（暮）也。从月半見"。铁一六·一，甲一一二七，夜晚月才出来，故用月形表示夜晚。"夕"和"月"本是一个字，后来才作区分。夜晚的"夜（）"右下方所写的实际上就是夕。

乙 3290　　　六年召伯虎簋　　　名爵

名，míng，"，自命也。从口，从夕。夕者，冥也。冥不相见，故以口自名"。大意是说，"名"是每一个人的代称符号，最初的作用是在晚上伸手不见五指时，叫出来以标识彼此的存在，故其字"从口，从夕"，就是在黑夜呼叫的称号。就好比夜晚突然停电，四周漆黑一片，谁也瞧不见谁，如果要找人，就得喊张某某、黄某某了，这就是"名"最初的功用。

甲565　　　　毓且丁卣　　　　包2.278

多，duō，"多，重也。从重夕。夕者，相繹也，故爲多。重夕爲多，重日爲疊"。前七·三五·一，召尊，从重肉。如"宜"古文作"宎"，一般认为所从即此"多"。或从重夕（昼夜更替）。重夕、重肉都是多，与"品"一样，重形以表示物品众多，不必特指为何物。

仌仌卣　　　　陳逆簋

仌，bīng，"仌，凍也。象水凝之形"。仌仌卣，象河中冰凌堆结形。后加"水"作"冰",而"冰"本同"凝",《说文》:"𣲝,水堅也。从仌,从水。凝,俗冰(冰)从疑。"后用法有所分工,"冰"用为名词,"凝"用为动词。"仌"作偏旁在左边参与构形,后来往往简写作两点"冫",如冻、冷、凉、寒、溧冽等都从仌,与水作偏旁的三点(氵)有区别。比如中国最著名的书法篆刻社团——西泠印社,之所以称"西泠",是因为它处在杭州西湖之西,其上有一脉流水泠泠作响。如果"仌(冫)""水(氵)"不分,将"西泠"念成了"西泠",那就错误了。

前 3.20.3　　拾 8.2　　戩 16.16　　乙 9067　　　子雨己鼎

雨,yǔ,"雨,水从雲下也。一象天,冂象雲,水霝其間也"。𠕋前三・二〇・三,𩂉子雨卣,雨从天幕上落下。雨点象形,天幕为衬托。水由目出为"泪",水由木出为"桼",水由天落为"雨"。这个字既表名词,也作动词,如《诗经・采薇》"昔我往矣,杨柳依依;今我来思,雨雪霏霏"句,"雨雪"就是下雪,雨作动词。古人造字之初往往动词、名词不分。好多字都跟雨有关,《说文・雨部》有47个字。

明藏395　　前3.22.1　　雷齻　　盠驹尊　　对罍

霝（雷），léi，"畾，陰陽薄動，畾雨生物者也。从雨，畾象回轉形"。雷无形可象，古人因其声响特征，想象如车轮在天上回转碰撞，唐代司空曙《闻春雷》云："水国春雷早，阗阗若众车。"常言道"雷声滚滚"，也是同理。雷字形体中的"田"就是雷声如无数车轮滚撞轰响，与田无关。古文中还往往辅以"申（即"闪电"）"来加以表现。

番生簋盖　　帛乙3.5

電（电），diàn，"電，陰陽激耀也。从雨，从申"。今简化作"电"，实际上就是"申"，即象闪电之形，只不过为了区别，而在字形上稍作改变，近似"夕"和"月"之间的关系。"電"就是闪电，电闪雷鸣之际往往伴随有雨，故"雷""電"皆从雨。

燕175　　燕540　　余15.3　　宰椃角　　宽儿鼎

申，shēn，"𢑚，神也。七月陰气成，體自申束。从臼，自持也"。佚三二，克鼎，象閃电閃耀伸缩之形。没有什么比閃电延伸更快的了，故有延伸之义。后来"申"借作地支字，在字形上稍作改变作"电（電）"表示名词本义，又新造"伸"专门表示动词延伸、伸缩义。

乙12　　　　续2.4.11　　　摄2.455

雲（云），yún，"雲，山川气也。从雨，云象雲回轉形"。前七·四三·二，《说文》古文作，本象天上云气卷舒之形。云生雨，后加"雨"作"雲"，"云""雲"同。

二、地土类

粹17　　　　甲2902　　　　粹907　　　　大盂鼎　　　哀成叔鼎

土，tǔ，"土，地之吐生物者也。二象地之下、地之中；（丨），物出形也"。 古陶文作，象地面堆起的封土堆形。祭祀的社稷坛之"社"从土。社稷坛本身就是一个大土堆，据典籍记载，其上有五方五色土，中为黄土，东为青土，南为赤土，西为白土，北为黑土，寄寓"普天之下，莫非王土"之意。古时行分封，赐民土田，往往以社土相授。"社"就是一种领土，也是一种行政结构的层次。所以古代的社日很重要，唱社戏的时候，一社的人在一起看戏，逐渐孕育出今天所说的"社会"。中国是农业社会，没有土就没有生存的依据，"有土斯有财"（《礼记·大学》）。土有领属意味，加之农耕文明安土重迁，人们对土有着特别的归属感，如乡土、故土、领土、本土等。《说文·土部》有131个字，如在、坤、基、堂、封、城、坡、垫等皆从土。

包2.149　　　　包2.140　　　　郭.语1.12　　　　郭.忠5

地，dì，"坔，元氣初分，輕清陽爲天，重濁陰爲地，萬物所陳列也。从土，也聲"。"地"从"也"，"也"就是"蛇"，"也"与"它""虫（huǐ）"同。盘蛇是展开来行走的，故凡从"也"之字都有展开的意味，如拖、迤、驰、施等。堆土往四面展开就是广阔的大地，土是物质，地是面积。"土"强调立体的堆积，富于主观归属感，如封土、故土；"地"侧重平面的展开，带有客观存在性，如大地、平地。二者有所区别，不能互换，"故土"不等于"故地"。又《说文》"墬，籀文地从隊"，"地""墬"同。《淮南子》有《墬形篇》，后世或讹作"墜"。

后2.32.16　　尧盉　　郭.唐1　　　郭.六7　　　郭.穷3

垚，yáo，"垚，土高也。从三土"。垚，垒土为高台，与"堯""嶢"同。洪水时代,人居高而平的土地之上,故其君称"堯"。《说文》释"州":"昔堯遭洪水,民居水中高土。""堯"从垚,从兀,本指兀立水面的高平土丘,所以"堯"有"高"的意思,"高蹺""翹起"等字皆从堯。

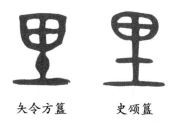

矢令方簋　　　史颂簋

里,lǐ,"里,居也。从田,从土"。里史颂簋,居住的土地,以田为界划。古人的"里"是一个居住的行政区划,先秦以二十五家为"里",后来逐渐由居民建制单位演变成了长度单位。

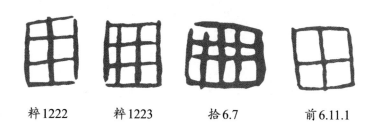

粹1222　　　粹1223　　　拾6.7　　　前6.11.1

田,tián,"田,陳也,樹穀曰田。象四口,十,阡陌之制也"。畐、囲粹一二二二,田傅卣,象耕种之田形,"口"象田块,"十"为阡陌。古有"井田"之说,"井"与此处的"十"

相仿，均为阡陌之形。井形阡陌将田块分作九份（如上文"甲骨文粹1223"所示），中间一块为公田，四周八块为私田。《诗经·大田》有云："雨我公田，遂及我私。"公田由四周耕种私田的农夫共同耕种，其收成作为赋税上缴。这就是我国早期的农业赋税制度。典籍常用"田"作畋猎字，早期的猎场也是四面围起的▦形，即后来的"园囿"，"文王之囿七十里"，故"田"作动词表示围猎。农耕社会中，"田"用于耕种，狩猎字就加"攴"为"畋"。《说文·田部》有29个字。

库492　　　深伯鼎　　　縈子丙车鼎

畕，jiāng，"畕，比田也。从二田"。▦库四九二，▦毛伯簋，用二田比连表疆界，或加界划于其间，"畕"与"畺""疆"同。其发展过程为：以二田相邻表示其间有界限，是为"畕"；在二田间添上明确的界划，是为"畺"；以"畺"为声符造出表示弓有力的"彊"，再以"彊"为声符造"畺"的后起字"疆"。《说文》："畺，界也。从畕，三，其界畫也。疆，畺或从彊、土。"

京津2300　　铁17.1　　董伯鼎　　裘卫盉　　齐陞曼簠

　　董，qín，"蕙，黏土也。从土，从黄省"。佚七六四，后下二四·二，黏黄土。或说上部为受缚的正面人形，下有烈火烤，表现出受难与忍耐。勤、谨、叹、艰、难、漢（曲折艰难流出的长水）均从董构形。黏土有韧性，受刑者需有忍耐力，构字意图虽不尽相同却并不冲突。

乙4629反　京津637　师奎父鼎　哀成叔鼎　趩鼎

　　黄（黄），huáng，"黄，地之色也。从田，从芡，芡亦声。芡，古文光"。光的古文"芡"，下部"火"是火焰，上部"日"或"廿"是火上显出的黄色火光。黄河水及其上中游的土地正是火光一样焦黄的颜色，故"黄"字从田，从芡（光）。甲骨文作，金文作，或谓象董（）下去火，表示烤成焦黄之色。此字之构形难以深入考证，但可以肯定的是，很久以前，这个字就与中原地带的黄土联系上了，比如黄帝姓姬不姓黄，之所以称黄帝，就因为他的领属地在黄土高原。

利簋　　小臣鼎　　过伯簋　　臤尊　　叔朕簠

金，jīn，"金，五色金也。黄爲之长，久薶不生衣，百鍊不輕，从革不違，西方之行。生於土，从土；左右注，象金在土中形"。象父簋，麦鼎，丰尊，象金属（铜）块形，或象三合（亼）之下土中埋金属矿物块之形，或谓矿物块（）加采矿器具（）之形。前文讲到"亼"作左边偏旁简写作两点（冫），唯有冶炼之"冶"左边的两点不是亼而是铜矿块。古代的金指铜，"金文"即铜器铭文。后世金子为黄金，银子为白金，铁为恶金（即颜色不好）。青铜时代的文明很发达，《说文·金部》有197个字。

三、山石类

乙2463　后2.39.9　山且壬爵　山且庚觚　毓且丁卣

山，shān，“，宣也，宣气散，生萬物。有石而高，象形”。甲三六四二，启卣，象山形。用三个隆峰表示连绵起伏的山。《说文·山部》有53个字。

乙4320　佚733　商丘叔簠　子禾子釜　鄂君启车节

丘，qiū，“，土之高也，非人所爲也。从北，从一。一，地也，人居在丘南，故从北。中邦之居，在崐崘東南。一曰四方高，中央下爲丘。象形”。粹一二〇〇，商丘叔簠，象山丘形。丘较小，故用两个隆峰表示。“丘”比“山”小，“岳”比“山”高，故“山”上加“丘”为“岳”。

前4.33.1　　郭.六24　　　　《六书通》篆文

　　岳（嶽），yuè，"，東岱、南霍、西華、北恒、中泰室，王者之所以巡狩所至。从山，獄聲。岳，古文，象高形"。山上有丘为"岳"，会意字；嶽，从山，獄声，形声字。中国地名往往以山水地势为依据，山南水北为阳，反之则为阴，如岳阳，就是在高高的幕阜山南面，衡阳就是衡山的南面，淮阴就是淮水的南面。中国有"五岳"，都是"山上有丘"的大山。或谓古文或从山上羊，或从山上犬，盖"岳"为山羊、猎犬出没之所，此说法无从考证，仅供参考。

乙3212　　　　散氏盘

　　厂，hǎn，"厂，山石之厓巖，人可居。象形"。厂 散氏盘，天然山石崖岸，顶部伸出可遮蔽风雨，为初民栖身之处。《说文》与厂密切相关而表崖岸的字，如嵒，"山巖也"；巖，"岸也"；厓，"山边也"；崖，"高边也"。今天湖北长阳县清江的土家人还部分保留着在江边伸出的悬崖下居住的习惯，可视作古人因厂栖身的孑遗。"石"依附于厂而象形，"厂"就是崖岸。

岸，è，"屵，岸高也。从山厂，厂亦聲"。"厂"本是山体伸出河边的崖岸形，加形符"山"为"屵"；加声符"干"为"厈"，《说文》以为厂之籀文，干也有高高竖立形；二者都加则为"岸"，即"水厓而高者"。"厂""屵""厈""岸"实为同一字。《诗经·魏风·伐檀》有"坎坎伐檀兮，置之河之干兮"句，其中"河之干"就是指河之崖岸。

产，wēi，"产，仰也，从人在厂上"。危，wēi，"危，在高而懼也。从产，自卩止之"。字形中"厂"为高耸石岸，上下各一人，其所会之意有二：一表示高峻；二表示崖边的人随时可能掉下，恐惧而危险。李白《蜀道难》中有："噫吁嚱，危乎高哉！""危"就是高，同时也道出了蜀道的艰难凶险。

开，jiān，"开，平也。象二干對構，上平也"。干与干顶上平齐，"开头山"即"平顶山"。洪水时期的人们居住在高而上平的山顶上，既避洪水，又可耕种。据《说文》，研、形、邢、刑、鈃（xíng）等从开而不从开。

乙 1277　　　　乙 4678　　　　己侯貉子簋盖

石，shí，"〖石〗，山石也。在厂之下，口，象形"。〖铁〗铁
一〇四·三，〖乙〗乙四六九三，象崖下石块形，依附厓岸（厂）画出
石块（口）。这很明显是依附象形的典型例子，与目中掉水为
"泪"的构形原理一样。

前 5.46.1　　　林 1.2.15　　　毳簋　　　卫鼎

氏，shì，"〖氏〗，巴蜀名山岸胁之旁箸欲落堕者曰氏。氏崩，
闻数百里。象形，乀声。扬雄赋：'響若氏隤。'"〖粹〗粹七五五，
〖克鼎〗克鼎，象附着在山崖边将要坠落的岩石形。或将甲骨文字
样释作"以"。"石"为"崖"的分支，用线条联系（厂－口）
来表示。姓，从女，生声，是母系氏族社会形态的遗留，姬、
姜、嬴、妫等姓都从女，"因生赐姓，胙土命氏"，氏是姓的
分支，正由其构形意图引申而来。

赌金氏孙盘　　　氏鼎　　　上（2）.容53背

氏，dǐ，"𢎥，至也。从氏下箸一。一，地也"。𢎥赌金氏
孙盘，根底。石从崖岸落到了地上抵住了，故有"至""止"义。
"氏"与"底""低""抵""柢""邸"音义同源，这些字都要加
一个点。"氏"加了一点表明石头已经滚到了地上，而"氏"
不加点则表示还在半山腰上滚动。

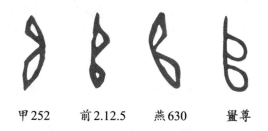

甲252　　　前2.12.5　　　燕630　　　盠尊

自，duī，"𠂤，小𨸏也。象形"。𠂤铁一〇〇·四，𠂤召尊，𠂤
（丘）的竖立形，表示小土堆，同"堆"。"自"与"堆"，一
个为象形，一个为形声，实为一字之异构。

铁 4.3 令鼎 新零526、甲3.37

師（师），shī，"师，二千五百人爲師。从帀，从自，自四帀，眾意也"。一堆（自）人围成一圈（帀），人多成师军队。老师是知识积累很多的人，知识扎堆，便可为人师。

庚壶 郾右军矛 中山王嚳鼎

軍（军），jūn，"軍，圜圍也，四千人爲軍。从車，从包省，軍，兵車也"。古时军队野外宿营

时，将战车的车辕朝天，围成营圈就是"军"，扩展指大的军队建制。

甲2327　　甲3372　　菁3.1　　佚67

　　𨸏，fù，"𨸏，大陸山無石者。象形"。𨸏甲三九三六，𨸏菁三·一，𑀀（山）的竖立形，大土堆。《玉篇》《广韵》皆云"𨸏"与"阜"同，"阜"上为"𨸏"，下面"十"表示多、大。"阜"作偏旁为左边的"阝"，"邑"作偏旁为右边的"阝"，如"郑""邓"等表示封地或地名之字皆从邑。《说文·阜部》有92个字，如降、陟、除、陛、阿、险、阻、障、隐、防、附、阵等。阜为大土堆，四周有坡，其势倾斜，有如台阶，故"除""陛"从阜；土堆有斜坡，可以上下，由下而上为"陟"，由上而下为"降"；若土堆坡势高峻，则为"陡"、为"险"、为"阻"、为"障"，可作据点以守，则为"防"、为"阵"，等等。

　　𨸖，fù（suì），"𨸖，两𨸏之间也。从二𨸏"。同"𨸏"，类似于"屮–艸""〈–〈〈"的构形原理。又指山阜间通道，同隧道的"隧"，隧字本从𨸖（𨽺）。

　　厽，lěi，"厽，絫坺土爲牆壁。象形"。𨸖，象土块堆积形，同"絫"。晶、壘、累、纍、厽、絫、磊，都是累积。

　　广，yǎn，"广，因厂爲屋。象對刺高屋之形"。依崖（厂）

搭建的室外高大建筑，有一面敞开，府、庭、庚、厦、廒、庖等从之。"厂-广-宀"，是居住史进化的三大阶段："厂"是自然形成的伸出的一个厓岸，可作简陋的栖身之所；"广"是依厓岸（厂）而人工搭建的住所，是对厂的改造；"宀（后称"宝盖头"）"是独立于厂的纯人工建造的住所，是真正意义上的房子。这一过程经历了漫长的岁月演变。

四、水流类

甲903　　　前2.4.3　　宁沪1.483　　沈子它簋盖　　包2.13

水，shuǐ，"𣲙，準也，北方之行。象众水並流，中有微阳之气也"。𣲙甲二四九一，𣲙同篆，象水流形，表示河流，后来扩展指一切水。最初只有河流状态的水才叫水，故"江水"为长江，"汉水"为汉江，"河水"为黄河。后"水"的词义扩大，表示一切水之后，为了有所区别，河流的称谓逐渐采用区分度较高的专称"江""河"（江、河原本为长江、黄河的专称），而不再泛称"水"了，如"汉江""浏阳河"等。由此可见，造完字后，在使用中会不断地调整变化，不断地区分新的概念，即造字服从于用字。如果要翻译为英文，"水"应该译为river and water。《说文·水部》有468个字，比艸部还多23个字，如江、河、湖、海、渊、治、灌、浇、洪、流、浊、深、湿、漏、沙、汗、涕、汁等皆从水。

《说文》古文

〈，quǎn，"〈，水小流也。《周禮》：'匠人爲溝洫，耜廣五寸，二耜爲耦。一耦之伐，廣尺、深尺謂之〈。' 倍〈謂之遂，倍遂曰溝，倍溝曰洫，倍洫曰〈〈（kuài）"。"〈"象田间犁出的小水沟形，《说文》亦作"甽""畎"。《孟子》中"舜发于畎亩之间"的"畎"，即出于此。

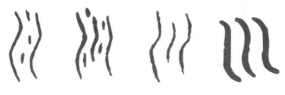

前4.13.3　　佚727　　甲1647　　宜侯矢簋

川，chuān，"〈〈〈，貫穿通流水也。《虞書》曰：'濬〈〈〈，距川。'言深〈〈〈之水會爲川也"。〈〈〈佚七二三，〈〈〈甲一六四七，

汇合小水而成的穿山急流的大川。"く-〈〈-川"与"屮-艸-
茻""木-林-森"造字思路相似。"水"字形体强调流水本
身，故其水流主脉两旁为断点，以表示水流激荡，波光粼粼
之状；"川"字形体强调流水两岸，故其水流主脉两旁为实
线，以表示水流湍急，深切两岸之状。四川处在中国地势的
第二大阶梯上，东西两边均为海拔悬殊的阶梯板块的交接地
带，急流众多，两岸切割分明，到处是"贯穿通流水"，故
以"川"得名。

前4.13.4　　州戈　　燮作周公簋

州，zhōu，"〻〻，水中可居曰州。周遶其旁，从重川。昔
尧遭洪水，民居水中高土，或曰九州"。正如"州"字构形用
圈或浓点所强调的，州就是流水当中的高地，可以住人。后
因州常用于表示行政区划，就新造了形声字"洲"来表示其
本义，如今常说的"七大洲"和"四大洋"，即此。《诗经·关
雎》："关关雎鸠，在河之洲。"这是起兴，以引起"窈窕淑女，
君子好逑"的遐思。"雎鸠"是一种美丽的鸟，可它却在黄河
水流之中的某块高地上呱呱（关关）地鸣叫，让人可望而不

可即。这就好比一个漂亮的姑娘，却又"在水一方"，让人接近不得，只能空叹"求之不得，寤寐思服，悠哉悠哉，辗转反侧"了。诗人与淑女的距离感，正源自流水对洲的隔绝。

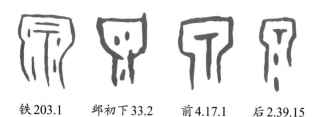

铁203.1　　邺初下33.2　　前4.17.1　　后2.39.15

泉，quán，"，水原也。象水流出成川形"。甲九〇三，后下三·六，象山石缝隙中流出泉水形。增繁以表示众泉则为"灥（xún）"，《说文》："灥，三泉也。"加厓岸（厂）以明众泉所出则为"厡（yuán）"，《说文》："厡，水泉本也。"今作"源"。后又省作"原"或"原"，借作平原字。可见"泉－原－源"一脉相承，今有"源泉"一词可以证明。

京津143　后2.2.15　　奢簋　　吴方彝盖　永父辛爵

永，yǒng，"，水长也。象水坙理之长。《詩》曰：'江之永矣。'"甲六一七，永叔馨，象水流曲折悠长貌。或说

"永""辰"本一字分化为二，流水永不枯，故有永远义。"永"作形容词就是长的意思，"永远"即长远，"永久"即长久。《诗经·汉广》："江之永矣，不可方思。"江为长江，永为流长，长江是中国水流最长的江。

辰，pài，"，水之衺流，别也。从反永"。前四·一三·一，吴方彝，象水流曲折分流状，表示支流。同"派"，《说文》："派，别水也。"水道越长支流越多，长江支流最多而称"九派"。"永""辰"本一字，形体朝左、朝右本无别，后来一取悠长之义为形容词"永"，一取分支之义为名词和动词"辰"，一字分化而别用。

前2.5.4　啟卣　格伯簋

谷，gǔ，"谷，泉出通川爲谷。从水半見，出於口"。谷佚一一三，会众山脉间的水流出口之意。1956年汉字简化以来，以"谷"当"穀"字的简体，其本义遂不常用。

日常生活中的一些事物，如果从造字的角度去理解，并追溯初民造字时的思维和文化，会带给人们很多启发，从而加深对当今生活中所接触到的语言文字的理解。比如大家耳熟能详的"关关雎鸠，在河之洲"，如果不能从造字的角度真正领会"洲"的丰富含义，恐怕就要枉费诗人起兴的一片苦心了。

第七讲　宫室与数目类基础字形讲析

　　宫室建筑，是人类文明的集中体现。纵观华夏先民的居住进化史，大致经历了三个发展阶段：利用自然厓岸或山洞→挖掘穴窟而半穴居（或巢居）→地面建筑。

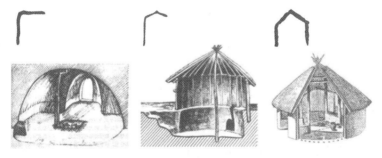

利用自然厓岸或山洞→挖掘穴窟而半穴居（或巢居）→地面建筑

　　《说文》从穴、从厂构形的字，以及广、岸、厓、崖等字，反映出早期原始的穴居崖宿的居住状况及其动作情状。

　　《说文》穴部有51个字之多，说明早期穴居生活对初民各方面的影响很大。巢、樔、堀（窟）、出、去、各以及从广构形的字，反映的是巢居、半穴居以及因崖为屋的建筑和居住状况，人工的痕迹明显，由此可见文明程度大大提高。

及至从"宀"构形之字大量产生的时期，地面建筑就逐渐成熟了。"宀"象人工建造的房屋形，从宀之字集中表现出成熟的宫室及其室内设施，进而表现出多种多样的室内居住行为与情状。《说文》从宀字多至71个，并且发展出一大批常用字，如宫、室、宅、宣、宗、宇、宙、宵、宾、客、宏、定、安、宴、富、实、宜、宽、宕、寡、寒、完、察、容、守、宰、宠、宥、写（寫）、宿、寝等，不少字的词义概括且抽象，充分表现出先民生活的丰富性和精细性。

从部首的义类分工来看，"厂—广—宀"可作为上古居住建筑三期发展的代表：从"厂"字表现的是粗糙原始的崖岸式居所，与穴部字一样是早期居住形态的反映；从"广"字是厂的拓展，是因崖为屋的人工建筑，用于表示高大、宽阔、空旷的建筑及其状态；从"宀"字表示封闭式而有内室的建筑及其状态，此类建筑更为精细而成熟，且自成体系。

从构字能力上看，从"厂"字较少，"广"作偏旁构字数量较多，"宀"作偏旁构字数量最多，义类区分很清楚，三个时期发展进化的时代烙印也很明显。现在很多从厂的字原本并不表示家居的房室，如厦、廊、厨、厕等字原本表示开放式建筑，《说文》本都从广，后来改作厦、厩、厨、厕而从厂，是后人淡化了"厂"与"广"的义类和时代区别而形成的混用。"厂""广"为自然类或半自然类居所，本讲主要介绍与人工建筑相关诸字。

此外，汉字从"一"至"十"的数目字在构形上也颇具特色，也在本讲讲解。

一、居住类建筑

穴，xué，"宀，土室也。从宀，八聲"。象土屋有孔洞之形，扒（八）土壁为洞穴。《周易·系辞下》："上古穴居而野处。"《说文》穴部有51个字，如穿、空、穹、穷、邃、窖、突、窜等皆从穴，多与掘地穴居有关。西安半坡出土发现的居住遗址就属于半穴居的集落。

甲3073　京津1029　甲1721　前4.15.2　前4.15.3

宫（宫），gōng，"宮，室也。从宀，躳省聲"。前四·一五·三，古人穴居或半穴居，"吕"象洞窟相连形，为区别表示脊骨之"吕"，加宀象其覆而成"宫"。"宫""室"互训（见《尔雅·释宫》），"宫"本为房屋的通称，如《周易·困卦》：

"入于其宫，不见其妻。"后世以"宫"专指帝王宫殿。

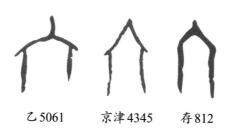

乙5061　　京津4345　　存812

宀，mián，"宀，交覆深屋也。象形"。宀乙五〇六一，宀乙五八四九，两边墙上面有人字形屋顶，象屋的侧面（剖面）形。《说文·宀部》有71个字，如宅、室、寓、寄、宇、宗、定、安、宏、容等皆从宀。

甲207　　　甲2307　　　乙4293　　　家戈爵　　枚家作父戊卣

家，jiā，"家，居也。从宀，豭省聲"。家首先得有房屋，故字形从宀。"豭"是公猪，《说文》："豭，牡豕也。从豕，叚聲。"甲骨文作𤞤，金文作𤞩，其形为居室中有带雄性生殖器的公猪形。后省去其生殖器而作从宀、从豕的"家"字。从遯、逐、隊／墜等字可知，猪是初民狩猎的主要对象之一。氏族首领占有盈余的私有财产，才有家的起源，而猪正是初民集体狩猎盈余的主要私有财产，直到现在，猪还是我国农家主要的财产之一。养公猪是为了配种，满足成批量繁殖饲养的需要，说明人们定居安家，畜牧业开始出现了。古时多称男子（丈夫）为家，是父系氏族社会的观念，或许《说文》中家从公猪"豭"，与此观念也有些关系。《字汇·宀部》："家，妇谓夫为家。"女子归家则为"安"，《诗经·桃夭》："之子于归，宜其室家。"

甲506　　　　向卣

向，xiàng，"向，北出牖也。从宀，从口"。甲骨文作，象房屋有窗口形。中国大地多处北回归线以北，南方多朗照，北方多阴冷，故房屋多坐北朝南，南面开门，北面开窗，为"北出牖"。如西安半坡那样半穴居的房子，南面向阳开门，东西两面茅盖接近地面，只有北面开窗户。《诗经·七月》："塞向墐户。"《毛传》云："向，北出牖也。""塞向墐户"，是说冬天北风太凉，用草和泥将北面窗户堵糊起来，以御风寒。"向"就是房子朝北面开的窗口之形。桂馥《说文解字义证》："向，或借嚮字。""向"多朝北，故词义扩展指示方向，后用作方向字。"向"加"鄉"作"嚮"，"鄉"字甲骨文作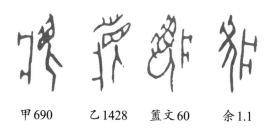，二人相向坐于食盒旁吃饭，也有方向义。"向"与"嚮"为古今字，今"嚮"字又简化作"向"。

甲 690　　乙 1428　　籀文 60　　余 1.1

寢，mèng，"寢，寐而有覺也。从宀，从疒，夢聲"。同"夢"，菁三·一，佚九一六，象人躺床上睡觉，睫毛频交，手舞足蹈，为梦魇之状。"寢""寐"双声。段玉裁《说文解字注》："寢，今字假夢为之，夢行而寢废矣。"

夢（梦），mèng，"夢，不明也。从夕，瞢省聲"。"瞢，目不明也"。《说文》以"夢""瞢"为一字。睡在房子（宀）里，眼睛微动（即睡梦的幻象或者说进入现代心理学所谓的"快速眼动期"）就是做梦。"夢""寢"为一字，"寢"省作"夢"，简化作"梦"。

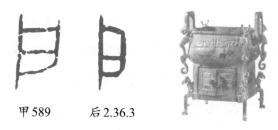

甲 589　　后 2.36.3

户（户），hù，"尸，護也，半門曰户。象形"。目后二·三六·三，象单扇小门形。双户为门，半门为户。所谓"门当户对"，是说如果你家是双开大门（即"大户"人家），就要找有双开大门人家的对象，如果你家是单扇门（即"小户"人家），就要找单扇小门人家的对象。

房，fáng，"房，室在旁也。从户，方聲"。古正室两旁的房间，"房""旁"音义同源。段玉裁《说文解字注》："凡堂之内，中为正室，左右为房，所谓东房西房也。"房为侧室，开单扇小门，故从户。秦有"阿房宫"，"阿"为山曲，有偏义，阿房即"偏房"，相当于汉代的"椒房"。阿房宫是秦王后宫佳丽的住所，相比于处理政务的正殿就是偏房。后世称呼"远房亲戚""二房姨太"等，皆由此"房"化出。

甲527　　　珠34　　　门且丁簋　　　师酉簋

門（门），mén，"門，聞也。从二户，象形"。門甲八四〇，象两扇门形。门可里外通声，以闻训门是声训。《玉篇·户部》："户，所以出入也。一扉曰户，两扉曰门。"豪门结亲小户，则门不当户不对。

款钟　　曾姬无恤壶　　兆域图铜版

閒（间），jiān，"閒，隙也。从门，从月。閇，古文閒"，徐锴《说文解字系传》："夫门夜闭，闭而见月光，是有间隙也。"段玉裁《说文解字注》："凡罅缝皆曰閒。"门有缝而月光入，是为"閒"。后又作"間"，改月为日，简化作"间"。"閒"扩展泛化指空间、时间上的一切空隙、间隙，有空隙、间隙、距离、间隔、嫌隙、非议、掺杂、间谍、中间、空闲等许多常用词义。空闲义上又与"闲"字混用。

囱（窗），chuāng，"囱，在墙曰牖，在屋曰囱。象形。窗，或从穴。𡆧，古文"。象窗户形，与窗、窻、牎（"通孔也"）同。段玉裁《说文解字注》："屋者，室之覆也。引申之，凡覆于上者皆曰屋。""在屋曰囱"，最初的"囱"是开在房顶上的。

燕758　　　覃伯𠬩簋　　铸子叔黑𦣞簋　　曾174

黑，hēi，"𪏹，火所熏之色也。从炎上出𡆧，𡆧，古窗字"。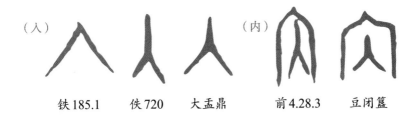铸子叔黑𦣞簋，表示火焰从烟囱出而熏染的黑色。一说象脸上涂有污黑纹饰的正面人相形。

（入）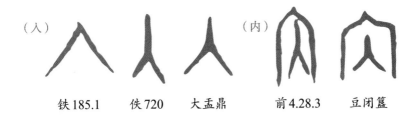（内）

铁185.1　　　佚720　　　大盂鼎　　　前4.28.3　　　豆闭簋

入，rù，"𠆢，内也。象从上俱下也"。🔲铁一三·二，🔲井侯簋，内字从门（宀），从入，象人或物进入穴居之所内。从外看是入，从内看是纳，容纳的空间是内。"入""内""纳"音义同，古通用。

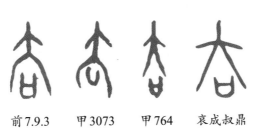

前7.9.3　　　甲3073　　　甲764　　　哀成叔鼎

去，qù，"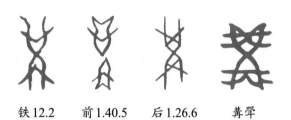，人相違也。从大，凵聲"。"违"是离开的意思。一·四七·七，象人（大）离开穴居之处（凵或凵）。"去""出"音义同源，"去"表示离开，"出"表示出来、露面。

凶，xiōng，"，恶也。象地穿交陷其中也"。楚帛书作，象两物相交陷于穴坑中形，突然陷落，以示凶险。又，"，擾恐也。从人在凶下。《春秋傳》曰：'曹人兇懼。'"人猝遇危险而恐惧则为"兇"。"凶""兇"一字，今统一作"凶"。

铁12.2　　前1.40.5　　后1.26.6　　冓罘

冓，gòu，"冓，交積材也。象對交之形"。后一·二六·六，金文作，建筑材木纵横交构之形，与"構"同。段玉裁《说文解字注》："结冓当作此，今字構行而冓废矣。""冓""構"一字。或说象两鱼相遇形。木相搭、鱼相遇，都表相互构搭对接之义，构形意图不冲突。"冓（構）"有屋宇、架构、连接、交合、构成、缔造、结构、构思、写作等许多常用词义。購、溝、篝、遘、媾等都从"冓"得音义，都含交接义：买卖交接为"購"，流水交接为"溝"，竹篾交接为"篝"，行人交接为"遘",男女交接为"媾",四目交接为"覯",柴火交接为"爝"。

二、城邑类建筑

掇2.111　　掇2.187　　甲2132　　铁93.4　　井鼎

京，jīng，"京，人所爲绝高丘也。从高省，丨象高形"。前四·三一·六，班簋，象宫殿高耸形，指京观、王都。相传早期战争中，杀敌很多就将尸体运回本国，封土筑高丘，以彰功勋，称为"京观"，有如后世的"衅社"。所筑高丘即《说文》所谓"人所为绝高丘也"，而君王所居都城多建于此高丘旁，故"京"后世专指王都。一说"人所为绝高丘"，即指都城建筑的台基。从京之字如景，"景""影"本同字，日照京观投下影子，同时也是一道好风景。

京津1554　　㝬簋　　犬且辛且癸鼎　　作册矢令簋　　其次句鑃

亯，xiǎng，"亯，獻也。从高省，曰象進孰（熟）物形。《孝經》曰：'祭則鬼亯之。'" 粹一三一五，亯簋，用宗廟形表祭享，后又分其"許兩切，又普庚切，又許庚切"三种读音，作"烹""享""亨"三形：在宗廟用鼎煮食物献祭为"烹"，神在上闻香受祭为"享"，祭祀使人、神互通为"亨"。

佚211　　　史墙盘　　　丼人妄钟　　　王臣簋

㫗（㫗），hòu，"㫗，厚也。从反亯"。后下二三·一一，宗庙建筑厚实稳重而显庄严，倒宗庙（亯）之形以表厚重。后加厂（厓岸厚实）为"厚"，《说文》："厚，山陵之厚也。从㫗，从厂。垕，古文厚，从后、土。""亯"表名词，"厚"表形容词。

甲585　　前1.34.7　　京津576　　亚高作父癸簋　　高作父乙觯

高，gāo，"高，崇也。象臺觀高之形。从冂、口，與倉、舍同意"。 乙一九〇六反，用城门上高高的望楼来表高意，这属于典型的以具象表示抽象。

睡.效52　　睡.封21

亭，tíng，"亭，民所安定也。亭有樓，从高省，丁聲"。简文作亭。古代设于道旁供行人停留食宿，或驿传人员换马休息的处所。为便于远远望见，亭需建得很高，故其字从高省。"丁"为钉子修长竖立之态，故"亭"从丁声。亭供人停留，故停从亭。李白《菩萨蛮》："何处是归程？长亭更短亭。"还有"亭亭玉立"一词，形容女子身材高挑。

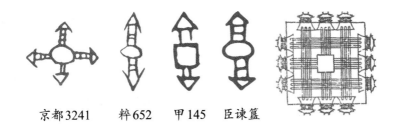

京都3241　　粹652　　甲145　　臣谏簋

郭（郭），guō，"郭，度也，民所度居也。从回，象城郭之重，两亭相對也。或但从口"。京都三二四一，毛公鼎，内城为"城"，外城为"郭"，用城外四周的亭子表示郭，或省为两亭相对之形。城郭与封邑相关，后来就借“郭（guō）”为“𩫏”，简化作“郭”。姓郭的人家最开始当是住在外城，东郭先生住在外城之东，南郭先生住在外城之南，后来“东郭”“南郭”就简化为单姓“郭”。

（冂）（冋）

大盂鼎　　师奎父鼎

冂，jiōng，“冂，邑外謂之郊，郊外謂之野，野外謂之林，林外謂之冂。象遠界也。冋，古文冂从口，象國邑。坰，冋或从土”。冋师奎父鼎，“口”象都城，“冂”象伸往远方的边界。“冂”“冋”“迥”“坰”同，“冋”加“土”为“坰”，表示领土；加“辵”为“迥”，表示边远。所谓“迥异”，就是隔得很远，很不相同，类似于“大相径庭”。

圂觚

囗，wéi，“囗，回也。象回帀之形”。环绕一周，表示一

个四边有限定的居住区域。表动词有包围义，同"韦""围"。回环义同"⊚（回）"。《说文·口部》有26个字，圆、圃、圈、圃、困、固等皆从口。

毛公鼎　　　　　录虢卣　　　　王孙遗者钟

國（国），guó，"囻，邦也。从口，从或"；或，yù，"或，邦也。从口，从戈，以守一。一，地也。域，或又从土"。高鸿缙《中国字例》："國之初字，从口，一为地区之通象，合之为有疆界之地区之意为通象，故为象意而属指事符；益之以戈声，故为指事符加声之形声字。周时借用为或然之或，乃加口（即围字）为意符作國，……徐灏曰：'邦谓之國，封疆之界谓之域，古但以或字为之'是也。"依高鸿缙所说，则或字的发展序列为：口（地区之通象）→口（象意+指事符）→或（指事符+声符戈）→國（形声字或+意符口）。"或"与"域"既为或体字，亦为古今字。"大曰邦、小曰國"，古天子所居为邦，诸侯王所居为國。"邦"者封也，封植以为边界，具有一定的开放性；"國"者从口，四围以为区划，是一个相对封闭的领域。

甲2987反　　邑爵　　邑觯　　臣卿簋

邑，yì，"邑，國也。从口。先王之制，尊卑有大小，从卩"。邑菁二·一，人所居住（或臣服）的封国（口），"卩"象人跽坐形。《尔雅·释地》："邑外谓之郊。"郭璞注："邑，国都也。"又泛指人聚居处或一定的行政区划，如城邑、县邑、食邑等。"邑"作偏旁部首简化作"阝"，为在右的"双耳旁"，构成了许多封国名、地名用字。《说文·邑部》有邦、郡、部、郑、郎、邓等184个字。

㝬钟　　　　洹子孟姜壶

都，dū，"都，有先君之舊宗廟曰都。从邑，者聲。《周禮》：距國五百里爲都"。《左传·庄公二十八年》："凡邑有宗庙先君之主曰都，无曰邑。"《释名·释州国》："国城曰都，都者，言国君所居，人所都会也。"因而"都"作名词有"国家""地方""大的行政区划"等义，作形容词有"美""盛""大"等义，作动词有"汇聚""总集"等义，作副词有"总体""总共"等义。"都"有"大""美"之义，古代管美男子叫"子都"，《诗经》云："不见子都，乃见狂且。"《孟子·告子上》云："至于子都，天下莫不知其姣也。"

余2.2　　　乡钺　　　乡宁鼎　　　宰甫卣

嚮，xiàng，"𩰊，鄰道也。从邑，从皀，闕"。"鄉"字从嚮，𩰊前四·二一·五，象二人相向对食状。其含义有三：一为宴飨（饗），古有乡饮酒礼，是由乡大夫主持，乡人以时聚会宴饮的礼仪，其目的在于"明长幼之序"和"举贤任能"；二为同乡（鄉），乡亲故旧之谊，可由乡饮酒礼加以强化；三为面向（嚮），"老乡见老乡，两眼放光芒"，当然要对面促膝长谈，把酒言欢一番。故"嚮"与"鄉""嚮""饗"同。康乾年间的"千叟宴"，现今春节时邻里乡亲间的互通款曲，大概都是乡饮酒礼的孑遗。

三、附属建筑

通别2.10.7   宜阳右仓簋   龢钟

倉（仓），cāng，"，穀藏也。倉黃取而藏之，故爲之倉。从食省，口象倉形"。通别二·一○·七，叔仓父盨，象有底、有顶盖而中部开门的粮仓形。

甲574   燕292   大盂鼎   能匋尊

亩（廩），lǐn，"，穀所振入。宗廟粢盛，倉黃亩而取之，故謂之亩。从入，回象屋形，中有户牖"。前四·一一六，象露天盖顶的谷堆形，后加"禾"加"广"作"廩"。

佚772   乙124   乙4615   史墙盘

嗇（穡），sè，"嗇，愛濇也。从來，从靣。來者，靣而藏之，故田夫謂之嗇夫"。畬佚七七二，谷堆上加"来（麦）"，表示收储庄稼、珍惜粮食。"嗇"加"禾"旁作"穡（谷可收曰'穡'）"。"嗇""穡"原义相同。

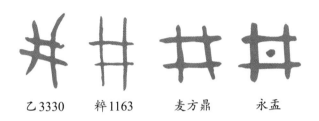

| 乙 3330 | 粹 1163 | 麦方鼎 | 永盂 |

丼（井），jǐng，"丼，八家一井。象構韓形，●，罋之象也。古者伯益初作井"。丼克鼎，象水井形。"●"，是井口或汲水器具；为了防止小孩、牲畜掉入井里，井必加栏杆，"井"是井口围栏形，作衬托。今天的"井"字省去了中间表示井口的圆点，只取其四周的围栏来代表井。

| 甲 598 | 大保簋 | 宰甫卣 | 彔伯簋簋盖 | 彔簋 |

彔（录），lù，"彔，刻木录录也。象形"。畬粹一二七六，畬录卣，象井上辘轳打水形，有许多水滴滴下。"录录"即"碌

碌",辘轳摇起来轱辘轱辘作响,故录拟其声而念lù。辘轳轴上缠索,其纹样碌碌可观,故刻为纹饰、字样等亦曰"录"。古人常契刻以记事,文字也常被用刀刻在陶器、甲骨、铜器等之上,故后世常"记录"连言。井上辘轳与石碌都是骨碌碌转动,"录"加"石"作"碌","录""碌"音义同源。

京津3050　　　津3649　　　庚嬴卣

丹,dān,"月,巴越之赤石也。象采丹井,一,象丹形"。月京津三六四九,表示矿井里采出的朱砂。为了与"井"字相区别,"丹"字中间一点多作短横;或将"井"字中间一点去掉,而"丹"则不去,"井"与"丹"就区分开来了。或说丹中一点代表矿石,丹是矿物,后来才专指朱砂。

吴方彝盖　　　史墙盘　　　蔡侯墓残钟47片

青,qīng,"青,東方色也。木生火,从生,从丹。丹青之信，言必然"。《说文》采用"五行相生"说，"生"为草木之象，"丹"为火色彤彤之象，木生火，故青从生必从丹，所谓"丹青之信"也。吴方彝盖，上部（生）是草芽长出地面，代表草木青色，从丹井（矿井）中提取出草木色颜料，用来表示一切青色。"丹"是赤色矿物（朱砂），"青"是草青色矿物，二者均常用于书写和绘画，故绘画又称"丹青"。

四、数目类

人们经常说"阴阳术（術）数"，"术"和"数"在古代经常相提并论。"术"是做事的方法，即沿着什么路子去做事。在做事过程中碰到的各种问题或叫运数，"运"从辶（辵），表示跟天体的运行有关。天体运行的状态与做事过程中遇到的状况一一照应，古人称此为"数"，所以天文历法在古代又和术数紧密结合在一起。

"数"有千头万绪，都需要用"术"去算。比如什么时候播种，什么时候收获，什么日子最合适做什么，什么时候是闰月。古代农业要看天行事，所谓"敬顺昊天，数法日月星辰，敬授民时"，故算出二十四节气，用于指导农业生产。西方的calendar（历法），起源于尼罗河水势的涨落。season（季节）是听海水（sea）涨落的潮汐声（son）来决定的。中国的历法有其独特性，季节的"季"从子，从禾，与作物生长结籽相关。年岁的“年”从禾，千声，甲骨文、金文作、、、，实际上从人扛禾，有收成为“有年”，庆丰收为“过年”。可见我们的历法观念，主要源自对农业稼穑时序的体察与关注。

下面说说算术中涉及的一些数字，看看它们是如何构形的：

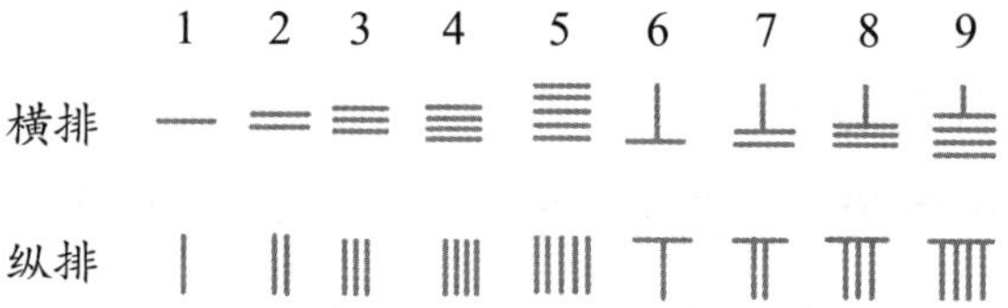

古代算筹记数的摆法

先从“一”到“十”说起。从今天科学思维的角度来讲，“数”是最抽象的高度概括，“一”是抽象所有单个物体概括出来的数，如一个人、一只狗、一根棍子、一节草、一枚算筹（即一种竹制的类似竹简的运算筹码）等。

汉字的十位数，一、二、三、四、五、六、七、八、九、十，其构形本作：一、二、三、亖、㐅、𠆢、十、八、九、丨。横置一枚算筹表示“一”，二枚为“二”，三枚为“三”，四枚为“亖”。五不能再放五枚算筹了，人的手足都是五个指头，“近取诸身”，数至五要变通，就用两枚算筹交叉为“㐅”。六就顶上交叉作“𠆢”，七就正交叉作“十”。八有所变通，顶上分开不相交作"八"。九为个位数之最，满则谦，用弯曲的两枚算筹交叉为"九"，或说九为借字，如前二·一四·一，盂鼎，为虬曲形。人的双手双足都是十个指头，各民族都相同，数到十要进位，就变通竖置一枚算筹为"｜"。

十个数的字形造完之后，整体上再来进行调整。横"一"竖"｜"，字形相同而易混，为区别就在"｜"中加点，如金文作，加的点画长了就与"十"混了，于是"十"下部拐弯成了"七"，如信阳楚简。又"乂""八""八"形近易混淆，"五"和"六"就另加笔画区别为"、""、"，如甲骨文作、。"八"一直保持不变。最后，"四"甲骨文作、金文作，都是横置四枚算筹形，后因横数太多不美观，改作、，是同音借用"四"来代替，"四"本象鼻孔两行鼻涕流下之形，借去代替"三"后，本字加"水"旁作"泗"。此种着眼于字形构造的演变的观点，是公认的较为科学合理的。

许慎对这十个数字的说解，加入了诸多人文的因素，表现了古人对数的特殊认识。

铁148.1　　　　　　　　我方鼎

一，yī，"**一**，惟初太始，道立於一，造分天地，化成萬物。凡一之屬皆从一"。用具象"一"表抽象数目，或谓象一枚算筹横置形。上文提到，筹是一种类似于竹简之类的计数工具。比如说诸葛亮与司马懿打仗，若事前用筹来估算形势，就叫"筹划"；筹划过程是在军帐中进行的，就叫"运筹帷幄"；运筹就是要推算双方筹码的多寡，若充分考虑各种主、客观因素之后，自己比对方多了一筹，就叫"略胜一筹"，这个仗就有"胜算"。许慎将"一"视为宇宙万物之始，包含《易》道的哲理，表现出古人或汉代人的认识论。

甲 540　　　　　　我方鼎

二，èr，"**二**，地之數也。从偶一"。《周易·系辞》"天一地二"，有一然后有二，用二画表示数目二，同时代表《易》学地之数。

前 6.2.3　　　　　大盂鼎

三，sān，"**三**，天、地、人之道也。从三數"。用平齐的三画表示抽象数目"三"。《道德经》第四十二章："一生二,二生三,三生万物。"天、地、人为"三才",人为"天地之性最贵者",贯通天地,创造、管理万物,故"三"常表示众多。在汉字构形中,常以三次重复使用某一构件来表示其数众多,如森、晶、川、淼、蟲、众、品、麤、焱等。所谓"事不过三","三"也是一个极数。

前 4.29.5 　　大盂鼎 　　徐王子旃钟 　　邵䥯钟

四, sì, "四", 陰數也。象四分之形"。数目本作"三", 而"四"原为鼻息、鼻涕字, ☺邵䥯钟, ◪楚帛书,"四""呬""泗"本为一字, 西周中后期才借以表数目, 代替了"三"。奇数为阳, 偶数为阴, 四为阴数。"太极生两仪(阴阳), 两仪生四象(东苍龙、西白虎、南朱雀、北玄武), 四象生八卦", 形成了《易》学的系统。

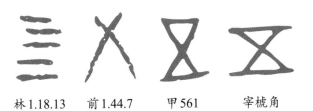

林 1.18.13 　　前 1.44.7 　　甲 561 　　宰㮣角

五，wǔ，"〤，五行也。从二，陰陽在天地間交午也"。〤铁二四七·二，〤辰臣盉，表数目。又中间的"乂"为交错义，故从五、吾的字多有交叉义，如"语"为相互论难。

前7.39.1　　　　效父簋　　　　菁1.1

六，liù，"〠，《易》之數，陰變於六，正於八。从入，从八"。〠保卣，数目本作上交叉"入"，为区别于"八"而下加两竖笔。"六"居十个数的偶数之中，为老阴，《周易》的阴爻称"六"，复卦均为六爻卦。

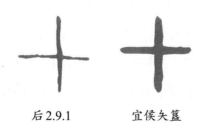

后2.9.1　　　　宜侯矢簋

七，qī，"七，陽之正也。从一，微陰从中衺出也"。十后二·九·一，十矢簋，数目七为纵横正交叉，而数目十本作"丨"，后为别于竖笔而中间加点，点延长则作"十"，容易与"七"原来的构形相混，于是数目七的下端曲笔微斜，而写成了"七"。奇数为阳,《周易》的九为老阳,阳爻称"九",而"七"为正阳。

甲 297　　　　　矢令彝

八,bā,"丿（,别也。象分别相背之形"。分开,同"扒"。"八""别"音义同。《说文》:"穴,分也。从重八。八,别也。亦聲。《孝經説》曰:'故上下有别。'""八"因上不交而表示分开、分别,"分"字从八,从刀。"扒"字从手,从八,"穴"字从八,表示扒开土成洞穴。

菁2.1　　前2.6.6　　大盂鼎

九,jiǔ,"九,陽之變也。象其屈曲究盡之形"。九前四·四〇·三,九大盂鼎,"九"为个位数之终,终则当收。用曲线交叉、屈曲笔画表示变易,"九"因有"曲折""究竟"之义,"究"字从九。所谓"九九归一""九五之尊",九为老阳,乃阳数之极，至极则变。

铁42.1　　我方鼎　　郑虢仲簋　　七年趞曹鼎

十，shí，"十，數之具也。一爲東西，｜爲南北，則四方中央備矣"。▋甲八七○，╪守簋，本用横（一）表数目"一"，竖（｜）表数目"十"，后为有所区别，在竖中加点，点延长则成"十"。十为整数进位，整体把握，由中央延展四方，无所不备。

貉子卣　　士上卣　　嗷士卿父戊尊

士，shì，"士，事也。數始於一終於十，从一，从十。孔子曰：'推十合一爲士。'"段玉裁《说文解字注》："数始一终十，学者由博返约，故云推十合一。""士"指善于学习、会办事的人。古代的"士"是知识分子，就是有归纳推理能力的人，能够"推十合一"，把事情处理好。很多人批评许慎说得不对，如郭沫若认为，"士"象男子的生殖器形。笔者认为，许慎所说有其道理，代表古人对"士"的认识，至少周和秦以前这种术数观念还是较为普遍的。

前 5.3.1　　甲 954　　宜侯矢簋　　昌鼎

卅，sà，"卅，三十并也。古文省"。粹五八六，毛公鼎，三个"丨"或"十（十）"并联在一起。其实"卅"就是世界的"世"，《说文》："世，三十年爲一世，从卅而曳长之，亦取其聲也。"古人通常"三十而立"，一般三十岁就有下一代了。在当今社会，一个人，最高效、最易出成就的工作时间也就是三十年，然后就由下一代人主事了，故"一世"又称为"一代"。

甲 668　　甲 2382　　宰椃角　　大盂鼎

廿，niàn，"廿，二十并也。古文省"。两个"丨"或"十

（十）"并联在一起。

林1.8.13　　甲3017反　　乙6863反　　甲878　　矢令方彝

百，bǎi，"百，十十也。从一白"。"白"为声符，兼表多义。人的头发白，为年龄大的长者，从"白"之字，有"长""多"之义。如"伯"为前辈、兄长，"柏"为长寿树。太原晋祠有"周柏"，是周代的柏树，至今已经有两千多年了。

乙6889反　　甲3115　　大盂鼎

千，qiān，"千，十百也。从十，从人"。"千"以人自身造形记数，一人百岁（约数），十人为千。又或曰"四"为鼻孔，"九"为曲肱，"百"为大拇指甲盖，皆为"近取诸身"的表现。

本讲涉及的字形里边所蕴含的一些内容，在民间文化里积淀已久，体大涵深。虽然中国的自然科学原来不是很发达，但我国的建筑、天文、历法、术数这些内容却是很发达的。透过这些字形的构形思路，可以更加深入地了解中华民族自身所孕育的深层文化。

第八讲　服饰与饮食类基础字形讲析

穿衣吃饭，乃是生活之本；衣食所安，乃是国之大事。陶渊明《庚戌岁九月中于西田获早稻》有云："人生归有道，衣食固其端。"

服饰的发展轨迹表明，远古先民初知狩猎而"食肉寝皮"，继而割制成块的毛皮以遮羞，于是便有了服饰的萌芽。织毛为衣相对较少，因为其工艺要求较高、较难，故《说文·毛部》只有6个字。后来服饰发展到制皮为革、为韦（韦），才产生了从革、从韦的服饰类字。先民最初用野生的葛藤为原料来制作粗布衣服，葛、褐、绤、绤等字反映出当时的基本情况，《诗经》等早期典籍也记录了很多关于粗布衣

裳的情况。服饰的真正盛行，当以桑麻的种植与使用为起点。种麻、绩线、织布、缝衣的工艺是通过不断发展而完善的，初时也未能得到广泛应用，故《说文》麻枲类字多与绳索相关，而较少涉及衣服。制麻成纤维的，则与蚕丝合流，在糸、巾、衣等部中统一构形来表现。植桑、养蚕、抽丝、织布成衣，这是古人制衣的主要步骤，《说文》由此构形的字非常集中而详细地展现出这些颇具历史性的生产生活内容。从糸、巾、衣等构形的，如丝、系、素、绪、纯、织、经、综、统、纪、纳、纺、绝、继、续、绍、纵、细、缩、级、总（總）、约、结、给、组、纽、纲、线、缝、累、缉、绩、维、常、饰、卒、制（製）、表、里（裏）、裂、衰、被、装、补等常用字，使用频率高，义项多，构词能力强，体现出服饰文化在社会生产生活各个层面，以及在构字、构词的语言思维层面所具有的广泛而深入的影响。

《说文》把大量的关于上古饮食文化的信息类聚在鬻部、鬲部、食部、肉（形变同月）部、艸部等字中，呈现出丰富的饮食文化信息，反映出古代饮食文化诸多方面的内容及其主要特点。如火食形态的发生发展及其神秘性，烹调技艺的萌生及其不断发展的过程，器皿烹饪的初期形制及其发展，古代粮食、肉食、菜食的类型及其制作技艺，饮食在祭祀礼仪中的重要地位，饮食文化对社会生活乃至对常用词语形成的影响，等等。这些字构形所隐含的信息，为中国饮食与烹饪文化发展史的研究提供了材料，并在研究方法上提供了有效帮助。就一定程度而言，《说文》的饮食烹饪类字再现了上古的饮食文化史。如蒸、煮、烘、煎、熬、炒成为烹饪常用字，自不待言。从饮食烹饪来的炮、炙、灼、炒、煎、熬、熹、然、烈、焦以及粉、粒、精、粹、粲、粗、糟、糜、氣等字，后来也成为广泛运用于非烹饪领域的常用字。就饮食在祭祀礼仪中的地位而言，烹饪服务于祭祀，祭祀促进了烹饪，饮食与祭祀相辅相成，这是上古饮食文化较为突出的特点。

一、丝糸类

乙124　　京津4487　乙6733　　存80　　　子糸爵

糸，mì，"𢆶，细丝也。象束丝之形。讀若觅"。𢆶乙一二四，𢆶子糸爵，象单束细丝形。段玉裁《说文解字注》："丝者，蚕所吐也……细丝曰糸。"凡跟纺织、衣服有关的字大多从糸（绞丝旁），《说文·糸部》有248个字，如绪、红、细、级、纸、线、经、纬、纪、绝、组、织、维、编等，常用字很多。

乙1598　　铁2.2　　前7.4.1　　小臣𤔲卣　　戈涉𤔲爵

系，xì，"，繫也。从糸，丿聲"。铁二·二，小臣系卣，侯马盟书，象手提一串一端联结于总索上的束丝状，有用手连缀、支系等义，如联系、系属、系统、中文系、派系等。

师克盨盖　　辅师嫠簋　　天策

素，sù，"，白緻繒也。从糸，𡉚取其澤也"。师克盨盖，双手执白缯形。未经加工的纯白丝织品称"素"，古以纯白飘带为垂饰，故从𡉚，从糸。《礼记·杂记下》："纯以素。"孔颖达疏："素，谓生帛。"素指本色的生帛，《释名·释采帛》："物不加饰皆目之素。""朴素"相当于"本色"；"素颜"就是不加修饰打扮的脸。

后2.8.7　　后2.8.8　　燕51　　篝天38　　商尊

絲（丝），sī，"絲，蠶所吐也。从二糸"。 燕五一， 昌鼎，
象两束细丝形。本为细蚕丝专名，后用来表示一切丝类物。

玄父癸爵　　吴方彝盖　　邠公华钟　　吴王光鉴

幺，yāo，"幺，小也。象子初生之形"。 粹八一六，是丝
的半边，用细丝表微小，同幼（幼）。家里最小的孩子叫"老
幺"，微不足道的坏人叫"幺幺小丑"，在四川称小姑娘为"幺
妹"等，均由此而来。

后2.9.5　　乙7122　　粹549　　盘嗣土幽且辛尊

丝（幽），yōu，"，微也。从二幺"。粹一六四，从二
幺，即小之又小，以极细丝表示幽微。又"，隱也。从山
中丝，丝亦聲"，细丝落于山中，如芒针入海，难觅踪迹。又
作，甲骨文、金文中"火""山"常常形混，或说"幽"当
从丝，从火，丝过于细微而难以看见，借火光才能看清。无
论是用"二细丝"表示小丝，抑或是"丝落山丛"幽微难寻，
还是"火照细丝"方可看见，构形意图都是表示丝极为细小、
幽微，各种解释各有其道理，也并不冲突，无须判定对错。

玄，xuán，"，幽遠也。黑而有赤色者爲玄，象幽而入
覆之也"。"玄"为（幺）上有覆盖形（亠），丝细且呈黑
红之暗色，又有遮蔽就更难看见，用表幽微、玄渺。《老子》
曰："玄之又玄，众妙之门。"师至父鼎，《说文》古文作"帛"，
"玄""幺"构形相近，"玄"比"幺"更幽微。

甲2407　　粹34　　林2.14.6　　后1.5.9　　后2.9.7

叀，zhuān，"，小謹也。从幺省，中，財（才）見也，
中亦聲"。后上五·九，叀卣，象绕在纺砖（磚，即纺轮）
上的线团（團）形。加"寸（手）"作"專（《说文》"一曰

専，纺専")"，表示用手转（轉）动。纺织是专门技术，故"叀""専"有专门义。傳、轉、團、磚等皆从叀或専得音、得义。"小謹"即谨慎小心，也就是"专心"。《玉篇》："叀，自是也，小谨也，擅也，独也，业也，一也。今作専。"所纺线团为"叀"；其形圆则为"團"；所以纺之器为"専"（后作"塼"或"磚"）；拨而动之则为"塼"或"轉"；丝线随着纺砖由此及彼的传递为"傳"；纺线之时需全神贯注则为"嫥"。"専"有"纺砖""专心""专业"等义。

二、服饰类

甲 337　　　佚 940　　　大盂鼎

衣，yī，"⟨图⟩，依也。上曰衣，下曰裳。象覆二人之形"。⟨图⟩前一·三〇·四，⟨图⟩此鼎，象上衣形。《诗经·东方未明》："东方未明，颠倒衣裳。"《毛传》："上曰衣，下曰裳。"古籍中提到的衣，往往指上衣，而下衣叫裳，类似于苏格兰人所穿的裙子。《说文·衣部》有116个字，如裁、初、卒、表、裏、衷、裹、複、装、被、裕等皆从衣。衣作构字偏旁，在左边为

"礻"，如初；在下为"衣"，如装；有时为了字形美观而分置上下，如衷。

后2.8.8　　　次卣　　　廿七年卫簋　　五祀卫鼎

裘，qiú，"裘，皮衣也。从衣，求聲。一曰象形，與衰同意"。裘后下八·八，裘叉尊，象毛朝外之皮衣形，相当于现在人们所穿的皮草。

秦公簋　　冥父乙爵　　图形文字举隅（《商周图形文字编》）

冖，mì，"冖，覆也。从一下垂也"。象巾两头垂下覆盖物体形。与"幂""鼏（鼎覆，即盖鼎之巾）"同。

九年卫鼎

冃，mǎo，"冂，重覆也。从冂、一。讀若艸苺之苺"。象佩巾垂而覆盖形，即帽子的雏形。

冒，mào，"冃，小兒、蠻夷頭衣也。从冂，二，其飾也"。头衣即后来的帽子。🜚九年卫鼎，象戴在眼睛上的帽子形，"目"为衬托。帽子位于头顶，作动词有"向上""突出"之义，所谓"冒出"是也，《说文》作"覒"，云"突前也。从見、冃"。"目"与"見"、"冃"与"冂"相通，"覒"实同"冒"。"冂–冃–冒–冒–帽"为字形演变序列，应是遮风的帽子在不同时代所用的字形，本为一字。冠冕之"冕"字从冃，本或作、。《礼记·冠义》："冠者，礼之始也。"古人曾赋予帽子以丰富的人文内涵。

先（簪），zēn，"先，首笄也。从人，匕，象簪形"。人发髻插簪子（匕）状，因其多为竹制，后作"簪"。古时儿童或不束发，头发自然下垂，即"垂髻"；或梳成两个发髻，如头顶两角，即"总角"；到了女子十五行笄礼（称"及笄"，俗称"上头"），男子二十行冠礼时，将头发扎到头顶上，并用笄或簪子固定住，表示成年。表示成年人的"夫"字从大，从一，上面的一横就代表簪子。

小盂鼎之"胄" 尸作父己卣之图形文字

兆，gǔ，"，廱蔽也。从人，象左右皆蔽形"。象人（儿）左右均被遮蔽形。"兜鍪"之"兜"字由"兆""兒"合成，"兆-兜"实为一字之异构，表示掩护头部的战帽。宋代辛弃疾《南乡子·登京口北固亭有怀》："年少万兜鍪，坐断东南战未休。""兜鍪"，在秦汉以前称"胄"。需要注意的是，胄从冃，胄从肉，二者不相同。《说文》："冑，兜鍪也。从冃，由声。""冑，胤也。从肉，由声"。

大簠盖　　包2.6

履（履），lǚ，"履，足所依也。从尸，从彳，从夂，舟象履形"。五十二病方三八〇，"舟"象人足穿鞋形，"彳""夂"为示动意符，既可作名词，又可作动词。古时舟为独木舟，其状似鞋，故古文字中鞋形有时与舟形混用。比如说接受的

"受"，佚653，上面一只手，下面也是一只手，中间的构形是舟还是鞋子，就产生了分歧，通常认为"受"字从舟得声。

前7.5.3　　　智壶盖

巾，jīn，"巾，佩巾也。从冂，丨象糸也"。巾京津一四二五，象佩巾下垂形（冂），"丨"为吊系之带。林义光《文源》："巾，象佩巾下垂形。"《说文·巾部》有62个字，如带、帅、常、帷、席、帐、饰等皆从巾。

作册䙋卣　　　信2.015　　　曾122

布，"布，枲织也。从巾，父声"。布为形声字。织麻成布，是由丝线到平面，故引申有展开、扩散之义，如分布、布局、宣布等。

而，yà，"而，覆也。从冂上下覆之"。象两佩巾上下（凵冂）包覆之形。覆、覂（fěng）从而，取其包覆义；㡀从而，取其翻来覆去义。

市，fú，"市，韠也。上古衣蔽前而已，市以象之。天子朱市，诸侯赤市，大夫葱衡。从巾，象连带之形。韍，篆文市从韦，从犮"。市孟鼎，上古遮在下裳前的饰物，中为系，上为横幅，下为垂带。"市"与"绂""黻""韠"同。市最初是一块遮羞布，后来发展成一种身份等级的象征。又《说文》："绅，大带也。"古有"缙绅之士"，士大夫束腰的大带子叫"绅"。绅有时亦可用以记事，《论语·卫灵公》"子张书诸绅"是也。总之，"绅"非一般人所能有，当为"市"之遗象，"绅士""乡绅""土豪劣绅"等词语和成语由此化出。

前2.12.4　　大簋盖　　上（1）.孔20

帛，bó，"帛，缯也。从巾，白声"。前二·一二·四，未染色的本色丝织品，故从白。

京津4832　　掫续64　　后2.25.13　　叔簋

白，bái，"白，西方色也。陰用事，物色白。从入合二，二陰數"。日甲四五六，作册大鼎，用日初出白光表示白色。或说用白米粒或灯火苗表示白色；或说"白"为"伯"之借字，本象拇指盖形，表示老大。"白""帛"同源，帛之本色白。颜色本无形可象，故所造之字多难以证实，如黑、红、黄等，皆众说纷纭。

㡀，bì，"㡀，败衣也。从巾，象衣败之形"。段玉裁《说文解字注》："此败衣正字。自敝专行而㡀废矣。"

拾6.11　　后1.10.2　　京津4454

敝，bì，"敝，帗也。一曰败衣。从攴，从㡀，㡀亦聲"。存下八一一，拾六·一一，手持棍击打衣巾使破败之形，引申表示一切破敝、败坏的东西，如凋敝、敝屣、敝帚自珍、舌敝耳聋等。

乙8287　　　九年卫鼎　　　𢼸簋　　　颂鼎　　　颂簋

黹，zhǐ，"黹，箴縷所紩衣。从㡀，丵省"。（此处为屯南三一六五）

六五，（颂鼎），上下为巾幅，中间为缀连的丝线，即缝衣线之迹，针脚线、针黹。李孝定《甲骨文字集释》："契文、金文黹字，正象所刺图案之形。"可以想象一下，给裤子纤边的锁线，就类似于甲骨文、金文"黹"字所表现的"之"形。

乙2844　　　乙3805反　　　包2.260

丩，jiū，"丩，相糾繚也。一曰瓜瓠結丩起。象形"。（乙三八〇五反），（汤鼎盖），二物纠缠形，如两股丝线、两手指等相纠绕形。"丩"与"纠"为古今字。

![句的各种古文字形]

前8.4.8　　禹比盨　　句它盘　　句父癸盉　　飢作且癸觚

句，gōu，"𦥑，曲也。从口，丩聲"。🐚前八·四·八，🐚
禹比盨，勾，弯曲之意。古书没有标点符号，读书人往往于文中打钩（乚，《说文》："乚，鉤識也。"段玉裁《说文解字注》："用鉤表识其处也。"）以标识完整的句子；打点（丶，《说文》："丶，有所绝止，丶而識之也。"）以标识句中的停顿，这个过程称"句读（gōu dòu）"；后世用圈（○）、用点（丶）来作类似的标识则称"圈点"；现代汉语中，主要用句号（。）和逗号（，）作类似的标识，合称"句逗（jù dòu）"，亦作"句读"。唐代以后出现了表示弯钩的专用俗体"勾"，后又加"金"作"钩"，于是有了"句–鉤""勾–钩"两组古今字。"句"为"钩"之古字，打了钩就表示一句话完了，为了区分，就将前者稍作变形作"勾"而仍念gōu，后者沿用旧体作"句"而改念jù。故由此可知，越王句践之"句"是古形古音，绝对不念jù的。文字会在使用中不断进行调整，这正是一个典型案例。

交君子叕簠

叕，zhuó，"𢏚，缀聯也。象形"。𢏚，为（丝线）交络互联貌，同"缀"。《说文》："缀，合箸也。从叕，从糸。"

三、火食烹饪类

甲 1074 　　　明藏 599 　　　京津 4634 　　　粹 1428

火，huǒ，"火，燬也。南方之行，炎而上。象形"。火后下九·一，象光焰迸射之火形。"火"作构字偏旁在下端往往讹作"灬"。《说文·火部》有112个字，如烧、然、燃、烈、炊、煎、炒、煮、蒸、熬、烹、烘、爆、熟、热、灼、熄、炫、熹、灰等皆从火。

燬，huǐ，"燬，火也。从火，毁聲"。毁也兼义，《六书故·天文下》："燬，焚之尽也。"烜，huǐ，"烜，火也。从火，尾聲。《詩》曰：'王室如燬。'"明代王育《说文引诗辨正》："尾，鸟兽后也。火之燎毛，其势迅速，以喻王室之乱不可救疗。"意谓"燬"字从火，从尾，"尾"是声符兼表义。古人见鸟或野兽的尾巴着火，拖着带火的尾巴猛飞或迅跑，到处引起火灾，其势难以挽救，一定惊心动魄，故"燬"训火，训迅猛。吴文英《吴下方言考·灰韵》说吴语读燬为méi，是引火之媒："吴中卷纸引火曰燬头。"引火称"纸燬"。故"火""燬""燬"同，只是方音俗语有别。

（炎）　　　　　　　　　（焱）

粹 1190　　作册夨令簋　　乙 8691

炎，yán，"炎，火光上也。从重火"。𤈦粹一一九〇，𤈦作册夨令簋，火上有火，火焰上扬之形，用来表示炎热。

焱，yàn，"焱，火華也。从三火"。𤈦乙八六九一，火盛迸出的火花，实即今火焰字。"焱""焰"同。用三个"火"强化火势旺盛。段玉裁《说文解字注》："凡物盛则三之。"

菁9.5　　掫续291　　元年师兑簋　　吴方彝盖　　此鼎

赤，chì，"，南方色也。从大，从火"。铁一〇，
麦鼎，大火色赤。一说人的皮肤被大火烤为深红色。古人对烈火之色印象深刻，炎帝又称"赤帝"，骄阳似火而称"赤乌"，所谓"赤日炎炎"。

睡·日甲21背

炙，zhì，"，炮肉也。从肉在火上"。古鉥，明火烧烤肉块形，相当于现在的烧烤。"脍炙人口"的"脍"指切得极薄的肉，类似于四川灯影牛肉；"炙"指明火烤熟的肉，类似于新疆羊肉串。

炮，páo，"，毛炙肉也。从火，包聲"。段玉裁《说文解字注》："毛炙肉，谓肉不去毛炙也。""包"是声符兼会意，小篆作，象怀子于胎胞中之形。"炮"是带毛全牲或泥裹小牲烧烤，《礼记·内则》"炮取豚若将"，郑玄注："炮者，以涂烧之为名也。"类似于今天叫花鸡的做法。

燔，fán，"燔，爇也。从火，番声"。是把整兽或肉块覆于明火上翻来覆去地烧烤。《诗经·小雅·瓠叶》："有兔斯首，燔之炙之。"《毛传》："毛曰炮，加火曰燔，炕火曰炙。"郑玄笺："凡治兔之宜，鲜者毛炮之，柔者炙之，干者燔之。"孔颖达疏："炕，举也，谓以物贯之而举于火上以炙之。"

《说文》小篆

爨，cuàn，"爨，齐谓之炊爨。臼象持甑，冂为竈口，廾推林内（纳）火"。，会烧火煮饭之意，中间是灶门（冂），上部是两手（臼）把釜甑等炊具（同）放到灶上，下部是两手（收/廾，形变作大）推柴（林）入灶门燃烧（火）。该字是会意字中构形最复杂的一个。

续 5.16.4　　甲 2851　　后 1.6.4　　鼎方彝

鼎，dǐng，"，三足兩耳，和五味之寶器也。籕文以鼎
爲貞字"。鼎方彝，盂鼎，象鼎形。鼎一般是圆体、大
腹、两耳、三足，用来煮盛食物或调味，有成语"尝鼎一
脔"。鼎后来专用作礼器，主要是在宗庙里烹煮食品，以祭祀
祖宗神灵。《周礼》规定，天子用九鼎，诸侯七鼎，卿大夫五鼎，
士三鼎。因等级森严，鼎成为国家重器，成为政权的象征。后
世"鸣钟列鼎而食""问鼎""鼎成龙去"等说法皆由此而来。

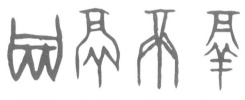

甲2132　　粹1543　　明藏625　作册矢令簋

鬲，lì，"，鼎屬。實五觳，斗二升曰觳。象腹交文，三
足"。甲二一三二，粹一五四三，烹饪器，三空足支地受火，
内盛水煮物。初为陶器，山西临汾尧庙多有出土，后来多为
铜器，与鼎同类。早期烹饪字多从鬲构形，《说文·鬲部》有
13个字，如䰞（锅）、䰿（釜）、䰾（甑）、融（炊气上出）、
䰰（沸）等本皆从鬲，后因笔画繁多而简化或另外造字。

鬻，lì，"，歷也。古文亦鬲字。象孰（熟）飪五味气上
出也"。或作"鬹"，下鬲，上为蒸汽上腾形。从鬻之字有䰞
（煮）、䰾（炒）、鬻（粥）、䰾（糊）、䰾（糕）、䰾（饵）等。

其中表示稀饭的"鬻",今简化成"粥"。有人问"粥"字两旁怎么从弓？显然不是从弓的，两旁的"弓"代表熟食上腾的气味，所谓"孰饪五味气上出也"。古时饮食多用于祭祀，神明闻气味而得歆享，故特重气味，由造字即可窥其一斑。

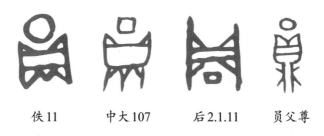

佚11　　中大107　　后2.1.11　　员父尊

员（员），yuán，"員，物数也。从貝，口聲"。佚一一，员父尊，以圆鼎口示圆形，"員"同"圆"。员上之"口"实为"○"，下之"貝"实为"鼎"。简化字作"员"，用于表示圆形物，人头是圆形，故人称"员"，如人员、队员、员工、一员虎将等。表圆形则加"口"作"圆"。

甲1289　　乙1115　　粹700　　仲义昌鼎

食，shí，"食，一米也。从皀，亼聲。或说：亼皀也"。乙三五，会张口（亼）吃器中饭（皀）之意。或说"亼"为器盖，如下文"會"，另外"合"字当为"盒"之初文，其上亦当为盖子。如今称进食为"吃"，是由"喫"简化而来的，而"吃"的本义是口吃，即结巴，如南朝宋刘义庆《世说新语·言语》："邓艾口吃，语称艾艾。""食"作偏旁常居左作"食"，简化作"饣"。《说文·食部》有62个字，如餦、飯、餅、餐、饒、餘、館、飽、飢、餓等皆从食。

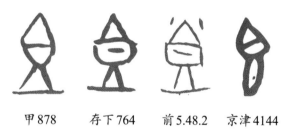

甲878　　　存下764　　　前5.48.2　　　京津4144

皀，bī，"皀，榖之馨香也。象嘉榖在裹中之形，匕所以扱之。或説，皀，一粒也。又讀若香"。存下七六四，祭祀将精洁米粒（饭）盛在器皿（豆）中，或溢出香气，盖粢盛之属。

（即）　　　　　　　（既）

甲717　　　　　　　燕2

即，jí，"即，即食也。从皀，卩聲"，徐锴《说文解字系传》："即，犹就也，就食也。"甲骨文作，林义光《文

源》："卩，即人字。即，就也。……象人就食之形。"人靠近
盛满饭食的食器去吃饭，引申为"接近""达到"，作副词为
"即刻"，作连词为"即使"，在现代汉语中很常用。皇帝"即
位"，就是靠近皇位。

既，jì，"，小食也。从皀，旡声"。《广雅·释诂一》：
"既，尽也。"小食已毕，即"食既"。甲骨文作，金文作
，人已吃饱，掉头要离去之形。李孝定《甲骨文字集释》：
"契文象人食已，顾左右而将去之，引申义为尽。"比较而言，
"即"表示即将进行，"即将"为近义并列词，相当于将来时或
进行时；"既"表示已经完成，"既然"就是"已然"，相当于
完成时或过去时。

鬲羌钟　　　会姒鬲　　　蔡子匜　　　趞亥鼎

會（会），huì，"，合也。从亼，从曾省。曾，益也"。
趞亥鼎，象器底、身、盖三者相合，用表一切会合。或曰象
甑之形，上为盖，中间为笼屉，内有带孔的蒸箅，下为甑底蒸
锅。所谓"从曾省"，曾，、、，正像无盖之"會"，上
有蒸汽上腾的样子；曾后起字作"層"，其义正由层层叠加的蒸

笼而来。"會"由三部分组成，三人以上才是"开会"，《说文》
"亼，三合也"，故"會"与"亼"相仿，也有"聚合""集合"
义，如会话、集会、大会、社会等。三部分组合，既要遇合，
又要恰到好处，故又有"机会""会心""心领神会"等词义。

　　矾尊　　　　包2.123

　　有，yǒu，"，不宜有也。《春秋傳》曰：'日月有食之。'"
盂鼎，以手（又）持肉（月）表示已有。古时肉不易得（不
宜有），作为"肉食者"的统治者才能享用，故"有"常作前
缀以美其辞，如有司、有周、大有年等。在典籍中"有"与
"又"通用。

　　　　免盘

　　鹵，lǔ，"，西方鹹地也。从西省，象盐形。安定有鹵
縣"。免盘，西北多盐碱地，点点象盐粒，以"西"为衬托。

或说象罐子或袋子装盐粒之形。后简化作"卤"。

鹽（盐），yán，"，鹹也。从鹵，監聲。古者宿沙初作煑海鹽"。"監"为人临器皿形，则"鹽"为人用器皿煮出盐卤之意。

京都1264　　存199　　前1.35.5　　乙1181　　矢令方彝

卣，chàng，"，以秬醸鬱艸，芬芳攸服，以降神也。从山，凵，器也，中象米，匕所以扱之。《易》曰：'不丧匕卣。'"存一九九，把黑黍米和郁金香草封存在器皿中酿出酒香气以享神。《周礼·春官》："卣人掌共秬卣而饰之。"郑玄注："卣，酿秬为酒，芬香条畅于上下也。"

乙6277　　铁28.4　　后1.26.15　　酉乙鼎　　四祀邲其卣

酉，yǒu，"酉，就也。八月黍成，可爲酎酒"。粹六一，臣辰盉，象酒坛子形。后借作地支字，其本义遂为酒字所专用。《说文・酉部》有67个字，如酿、醴、配、酌、醋、酸、酱、醉、醇、酤等皆从酉。

甲2121　　京都1932　　征人鼎

酒，jiǔ，"酒，就也，所以就人性之善恶。从水，从酉，酉亦聲。一曰造也，吉凶所造也。古者儀狄作酒醪，禹嘗之而美，遂疏儀狄。杜康作秫酒"。意思是说，夏禹时代就有酒了，仪狄、杜康是酒的创始人。距今约四五千年的新石器时代晚期的龙山文化中，出土的陶制酒器较之前的各个时期有明显的增多，其中以斝、觚、盉、杯、小壶等为最多且最常见，说明这时的农业生产已初步发达，粮食有了一定的剩余。《仪礼》中"酒"字最多见，是因为酒最先用于礼仪，最主要的是用于祭祀，《仪礼》出现的165次"酒"中，就有56次是"祭酒"连用的，这对后世影响很大。古时飨宴酹酒祭神时，必由一位尊者或长者举酒主祭，于是就称这位尊者或长者为"祭酒"，如《史记》说荀子曾"三为祭酒"。许慎曾任国子祭酒，后人称他"许祭酒"。

图形文字举隅（《商周图形文字编》）

酋，qiú，"酋，繹酒也。从酉，水半見於上。《禮》有大酋，掌酒官也"。古鉨文作酋，"绎酒"，即久酿之酒，香溢坛外。所谓"水半见于上"，恐不确，"酋"上两画当代表酒香。后转指"掌酒官"，又因执酒之官在祭祀中地位高，故"酋"又引申为部落的首领、魁帅之称。

作父辛方鼎　　前5.4.4　　三年瘐壶　　丰兮夷簋　　枚家作父戊

尊（尊），zūn，"尊，酒器也。从酉，廾以承之。《周禮》六尊：犧尊、象尊、著尊、壺尊、太尊、山尊，以待祭祀賓客之禮。尊，尊或从寸"。徐鉉曰："今俗以尊作尊卑之尊，別作罇，非是。"甲骨文作尊，双手举酒坛敬献之形，段玉裁《说文解字注》："廾者，竦手也；奉者，承也。设尊者必竦手以承之。""凡酌酒者必资于尊，故引申为尊卑字，……自专用为尊卑字，而别制鐏、樽为酒尊字矣。"则"尊"与"鐏""樽"为古今字。

此外，前文提到过的"奠"字，《说文》："奠，置祭也。从酋。酋，酒也。下其丌也。《禮》有奠祭者。"在如今的葬礼上，在敬献给逝者的花圈中央还写着"奠"字，大概是想以花代酒来祭奠亡灵而寄托哀思。某些建筑开工时，会举行奠基仪式，其最初的目的应是撒点酒给土地爷、土行孙等，祈求水土安平、根基稳固。

从古至今，人们对服饰与饮食类基础字形多有接触，却往往不求其解，对其构形意图视而不见。了解了这些基础字形，人们就有可能领略到另一番光景，甚而举一反三。比如上面的"酉"，开始一定跟祀神祭酒有关，神明歆享取其香，故强调其香气而有鬯、酋、尊、奠诸字。现在供奉神明要进一炷香，让香气上达于天，也是这个道理。

回顾本讲有关食物诸字多从食，而食从皀，"皀"即谷之馨香。有关烹饪诸字多从"鬲"，也是因为祀神备粢盛而刻意强调香气升腾之象。由此可见，饮食诸字皆重气味，与古人重视祭祀的风尚密切相关。

第九讲　常用器皿类基础字形讲析

　　日用器皿的制作和使用，在上古已经很发达、很普遍。在先民生产、生活中占有十分突出的地位，《说文》中器皿类部首占其总部首的33.3%，就是很好的证明。

　　器皿中先出现的是陶器，新石器时代早期就已经开始制造和使用陶器了。《说文》中的陶器类字很多，主要集中在瓦、缶二部。陶器一直是我国器皿使用的主体，至今不衰。角、骨器出现也很早，但数量、形制都很少，乃至《说文》中，就只有几种酒器和量器了。竹、木器也是我国传统的器皿种类，源远流长，由于材质易朽的原因，不易保存而出土量少，幸而有《说文》的集中录存和文献的零星记载，其古时丰富的形制才不至于湮灭。金属器皿后来居上，成为我国器皿的大宗，其中以商周青铜器皿最为突出。商周青铜器绝大多数为祭祀礼器，其中又以酒器最为突出，由于材质易存，今出土的商周秦汉时期的青铜器很多。《说文》所录金属器皿类字与这些出土实物正好互相印证，有利于人们了解其复杂的形制和丰富的文化内涵。

作为《说文》部首的器皿类基础字形，可分为日用器皿、祭祀礼器及占卜用器几类来讲解。

一、日用器皿

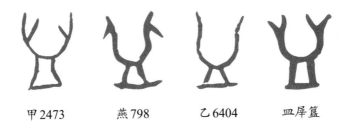

甲 2473　　　燕 798　　　乙 6404　　　皿犀簋

皿，mǐn，"⊔，饭食之用器也。象形。与豆同意。读若猛"。⊔甲二四七三，⊔燕七九八，象盆类器皿形。主要用作食器，泛指杯、盘、碗、碟一类的饮食用器，因而可作器皿的通名。《说文·皿部》有25个字，如盂、盆、盎、盅、盛、益、盈、盈等。其中，将东西装进器皿为动词盛，读为chéng，装得很多则为形容词盛，读为shèng，变音用以区别词义和词性；用器皿给囚犯送食为"盈"，后多用于表示水暖和，则加"水（氵）"作"溫"；"益"上从横水，表示水从器皿中漫了出来，后借用作名词表利益，动词再加"水（氵）"而作"溢"。

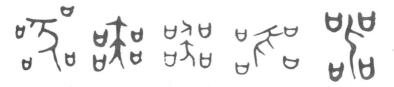

作册嬛卣　　　茜簋　　曾子屎簠　　鄩子萛霥鼎　十四年陸侯午敦

器，qì，"𤮷，皿也。象器之口，犬所以守之"。金文作𤮷，看家狗看守的贵重器皿，后扩展为器皿通称。段玉裁《说文解字注》："器乃凡器之总称。"凡陶器、瓷器、木器、竹器、青铜器都称"器"，各种容器也都可称器。由器具引申指器件、器官、机器等。商周时器多是祭器和礼器，行礼、祭祀所用重器自然宝贵，故需以"犬守之"。

△，qū，"凵，△盧，飯器，以柳爲之。象形。笿，△或从竹，去聲"。象柳条或竹篾编的盛饭器之形。

铁 50.1　　京都 1272　　粹 12　　铁 223.4

血，xuè，"，祭所薦牲血也。从皿，一象血形"。，象血块在器中之形。后由祭牲（用于会盟祭祀的牛、羊、马）血扩展指普通血液。人们在结拜仪式上，常刺破手指滴血于酒碗，彼此对换而饮，以示从此气血交融、休戚与共，当是歃血为盟的遗风。

粹 251　　摭续 64　　甲 2363　　鲁侯爵　　冉父丁罍

盟（盟），méng，"盟，殺牲歃血，朱盤玉敦，以立牛耳，从囧，从血"。此字最初当为皿中盛牛耳之类以会意，后来变成了从血、囧声的形声字，再后来又变成了从血、明声的形声字。

、庚爵　　　说文篆文

、，zhǔ，"、，有所絶止，、而識之也"。 、庚爵，用点
表示语句停顿，即断句之逗（读）。一说为灯台上的火苗，即
《说文》"主"下所谓"灯中火主"。 ，下为灯台、上为火苗
之"、"。"、"与"主""炷"同，徐锴认为"炷"为"主"
之俗体。初民山居野处，常围篝火而取暖、栖息，故火为人
之主，乃是人心所向。

甲241　　　　戬1.10　　　　尹姞鬲

品，pǐn，" ，众庶也。从三口"。古以三物（祭器）表
众多物。李孝定认为是列星之形，恐不确。众器在祭祀时是
有等级的，故品有"品级""品位"的意思。

前 4.25.7　　乙 1768　　宁鼎　　　　戍宁父戊爵

宁，zhù，"，辨积物也。象形"。乙一七六八，宁未盉，象贮物柜形，同"貯"。《说文》："貯，积也。"用以贮存钱贝，段玉裁《说文解字注》："此与宁音义皆同，今字专用貯矣。""宁"与"貯"为古今字。，相当于当今的保险柜。商周图形文字对此有形象的展示，如、、、（取自《商周图形文字编》）。"宁"今与"寧"的简化字混同。

甲 2667　　无想 475　　珠 628　　　邺初下 40.113　　乃孙作且己鼎

匚，fāng，"匚，受物之器。象形。讀若方"。象方形盛器形。甲二六六七，横置即为方形筐子，与"匡""筐""框"同，表方形则与"方"同。"匚－匡－筐－框－方"为字形发展序列。后世"方框"连言，"匚"为方框的本字，"方"在《说文》中指"併船也",《诗经·汉广》:"江之永矣,不可方思。"或谓方即并竹木而成的渡筏(或"桴")。"匚"表示方形,被"方"取代,随后其"方框"义也不常用了。

曲父丁爵　　　曾子斿鼎　　　包2.260

曲,qū,"曲,象器曲受物之形。或说曲,蠶薄也。匚,古文曲"。曲父丁爵,象养蚕的曲形簿(箔),可盛桑叶与蚕等物。匚(匚)、曲(曲)都是用竹子、芦苇等编成的盛物器皿,"匚"突出其方正特征,"曲"突出其弯曲特征。

檐瓦

仰瓦　　覆瓦

并联扎结

瓦,wǎ,"瓦,土器已燒之總名。象形"。秦封宗邑瓦书,用陶器初制的圆筒形表示一切用泥土烧制的器皿,未烧称"坯",已烧称"瓦"。"瓦"也曾单指陶制纺锤,后多专指盖屋顶的瓦。在用"陶"为陶器总名之后,瓦才专指屋瓦。如今屋瓦也不常用了，但从瓦的瓮、瓴、甂、甍等字仍然见用。语言文字能够定格并封存许多历史信息，有时比传世的史书记载更可靠、更全面。

乙 7752 反　　　小臣缶方鼎　　　蔡侯缶　　　栾书缶

缶，fǒu，"🮲，瓦器，所以盛酒浆，秦人鼓之以節歌，象形"。🮲前八·七·一，🮲缶鼎，象陶制盛器形，上为盖，下为器身。或用为乐器，《诗经·陈风·宛丘》："坎其击缶，宛丘之道。"战国秦赵"渑池之会"，"秦王为赵王击缶"。2008年北京奥运会开幕式上的"缶阵"，亦由此化出。"缶""匋""陶"同，依字形而言，"缶"为陶器，"匋"为陶者，"陶"为制陶，后世混用。"缶"作义符构字，有缸、窑（窑）、罅、罄、缺等，至今仍旧常用。

能匋尊　　　缶父盘

匋，táo，"⊞，瓦器也。从缶，包省聲。古者昆吾作匋，案《史篇》讀與缶同"。金文作 ⊕，缶边加人，为人制缶之状，最初当指制陶器之人，转而指烧陶器的窑（窰），《广雅·释室》："匋，窰也。"

不娶簠盖　　　伯陶鼎　　　陶子盘

陶，táo，"⊞，再成丘也，在濟陰。《夏書》曰：'東至于陶丘。'陶丘在堯城，堯嘗所居，故堯號陶唐氏"。本是两重山丘，转为地名。"陶丘""陶唐氏"皆当与制陶有关。制陶之人须依山丘取土，即梅尧臣诗句"陶尽门前土"，故其字从阜，《释名》曰"土山曰阜"。陶丘在尧城，堯（尧）从垚，训"土高也，从三土"，正便于就地取土制陶。或曰"尧""陶"古音相近，"尧"就是"陶"。又知皋陶出生于曲阜，就字面而言，"皋"为泽污，"曲"为洼下，曲阜即"宛丘"。《尔雅·释丘》"丘上有丘为宛丘"，此宛丘亦即"再成丘也"，故曲阜亦即"皋陶"，今曲阜就发现有"尼山红陶"。"陶"后来代替"匋"成为陶器类用义最广的字。制陶的过程如同冶金过程一样复杂艰难，故引申为"化育""培养""陶冶"等常用词义。

中国的陶瓷在海外影响很大，有人认为外国人所称的China，原本就是陶瓷的意思，后来成了中国的代称。

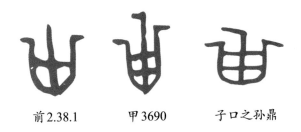

前2.38.1　　　　甲3690　　　　子口之孙鼎

畠，zī，"畠，東楚名缶曰畠。象形"。畠甲三六九〇，象盛酒浆器形，或陶制，或为竹编漆器。"畠"即"缶"的方言名称。

前5.5.5　乙2924　　存1239　　库203　　库475背

壶（壺），hú，"壺，昆吾圆器也。象形。从大，象其盖也"。壺前五·五·五，壺乙二九二四，象紧口壶形，上有盖。"壶"为"昆吾"合音，犹"笔"为"不律"合音，"孔"为"窟窿"合音，这是反切注音的一种来源。

缊缊
烟煴
氲氲
抑郁

壹，yī，"壹，專壹也。从壺，吉聲"。又，壹，yūn，"壹，壹壹也。从凶，从壺。不得泄，凶也。《易》曰：'天地壹壹。'""壹壹"为"壹壹"之简写，意谓纳"吉""凶"二元气于壺中不得外泄。若"吉"在壺中不外泄，则引申为"专一"；若"凶"在壺中不得泄，则引申为"抑郁（鬱）"，类似于东北人所说的"憋屈"。依段玉裁《说文解字注》，壹壹双声兼叠韵，俗字作缊缊、烟煴、氲氲，语转而为抑郁。"壹"后用作"一"的大写字形。

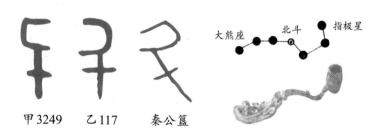

甲 3249　　乙 117　　秦公簋

斗，dǒu，"斗，十升也。象形，有柄"。秦公簋，象有柄的酌酒器形，可参照北斗七星之形想象其形制。古量十升为"斗"。升，《说文》云"升，从斗，亦象形"，甲五〇，京都一八一二，友簋，象以斗挹酒状，盖"斗""升"看似一名词—动词，实则构形相仿。

郭.语4.24

勺，zhuó，"勺，挹取也。象形。中有實，與包同意"。勺纵横家书一二，用勺舀物表挹取的动作、器具。"勺"俗或作"杓"。

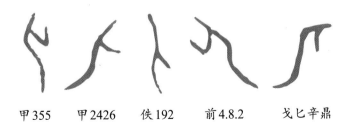

甲355　　甲2426　　佚192　　前4.8.2　　戈匕辛鼎

匕，bǐ，"匕，相與比叙也。从反人。匕亦所以用比取飯，一名柶"。舀勺，"匕""匙""柶"为一物。《说文》："匙，匕也。从匕，是聲。""柶，匕也。"

巵，zhī，"巵，圜器也，一名觛，所以節飲食。象人，卩在其下也"。象盛酒的圆形角制饮器形。人手遮口而跪饮，故从手（厂）从卩（巳）会意。

乙4508　前5.5.2　爵宝彝爵　爵父癸卣盖　伯公父勺

爵，jué，"，禮器也。象爵之形，中有鬯酒，又（即手）持之也，所以飮"。甲骨文作，金文作。"爵"是青铜制的古酒器，祭祀时用以盛酒和温酒，盛行于商代和周代，在出土青铜器中很常见。是否用爵是祭祀时地位高低的象征，故引申义转而指爵位。

二、祭祀礼器及占卜用器

乙7978反　　后1.6.4　　甲1613　　豆闭簋

豆，dòu，"，古食肉器也。从口，象形"。乙七九七八反，甲一六一三，盛祭肉等物的高脚碗，形似高足盘，或有盖，主要用于盛肉献祭。新石器时代晚期就开始出现豆了，如仰韶文化中就出土有泥质大口浅盘高柄豆，商周时盛行的以陶豆为多，也有青铜豆和木制漆豆出土。供肉食给神吃，神在天上，豆足当然要高，也易通天神，摆起来端庄而有气派，故多作祭祀礼器。豆是豆类礼器的通名，《尔雅·释器》："木豆谓之豆，竹豆谓之笾，瓦豆谓之登。"今称菽类为豆，是汉代以后才有的事。

甲178　　粹1211　　粹1486　　叔妖簋　　史喜鼎

喜，xǐ，"喜，樂也。从壴，从口"。前四·一八·一，粹一二一一，有歌（口）有鼓乐（壴）声，十分喜悦，所谓"闻乐则喜"。

甲2295　　王孙遗者钟　　佚75

壴，zhù，"壴，陳樂立而上見也。从中，从豆"。佚七五，甲二七七〇，象鼓形，中间圆形是鼓面，下为架子，上为装饰。鼓女彝冉簋，"彭"是击鼓发出的"嘭嘭"声，右边三画代表鼓声。

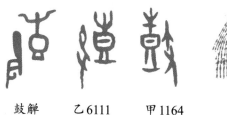

鼓觯　　乙6111　　甲1164

鼓，gǔ，"鼓，郭也。春分之音，萬物郭皮甲而出，故謂之鼓。从壴，支象其手擊之也"。甲二二八八，鼓觯，会手拿槌击鼓之意，兼作动词、名词。《曹刿论战》："一鼓作气，再而衰，三而竭。""一鼓"就是敲一次鼓。古代擂鼓表示冲锋，打锣（鸣金）表示收兵。鼓从攴（或支），本作动词，今"鼓掌"亦用作动词，作名词的"鼓"本为"壴"，后也用"鼓"。

豈，qǐ，"豈，還師振旅樂也。一曰欲也，登也。从豆，微省聲"。豈睡·为十，豈纵横家书三三，鼓上加脚板（止），擂鼓高歌行进而还师，表示凯（凱）旋。"豈"

与"凱"为古今字。《玉篇》："凱，乐也。或作愷。"这里的"乐"，既表军乐（yuè），又表欢乐（lè）。

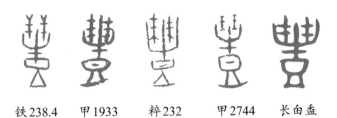

铁 238.4　　甲 1933　　粹 232　　甲 2744　　长由盉

　　豊，lǐ，"豊，行禮之器也。从豆，象形。讀與禮同"。
㲋后下八·二，㲋长由盉，会豆上盛二玉以祭祀之意。"豊"即
"禮"，"豊"与"禮"为古今字。王国维《观堂集林》："象二
玉在器之形，古者行礼以玉。"由盛玉献神之礼器引申指一切
礼事、礼仪，字通常作"禮"，简化作"礼"。"豊""禮""礼"
同。中国是礼仪之邦，礼是儒家核心价值观"仁义礼智信"
之重要一端。"国之大事，在祀与戎"，礼的众多仪节与丰富
内涵不断地体现在种种祭祀上。祭祀让人不忘慎终追远，切
忌数典忘祖；让人相信举头三尺有神明，以心存敬畏。作为
祀神的"礼物"，对于初民来说，莫过于珍贵的玉器了。"一上
示三王玉珏"，"玉珏"与"示"一起位于《说文》部目的开端，
就暗示了"玉"与"神明"之间的密切联系，地位非同一般。
《说文·玉部》多达148个字，后世美辞常用"玉"，如玉女、
玉人、玉成、玉德等。取名字也对"玉"字情有独钟，如《红
楼梦》中宝玉、黛玉、妙玉等，体现出中华民族对玉格外珍
视。这就是为什么"豊"从豆上二玉以会意。

京都870B　　　簠典40　　　丰作从彝簠　　　辅伯歴父鼎　　　丰作父辛尊

豐（丰），fēng，"，豆之豐满者也。从豆，象形。一曰鄉飲酒有豐侯者"。京津一五五，卫盉，用豆内盛物多，表示丰满。一说豆内盛满麦穗以示丰收。又一说"豐"也是"二玉在豆"之形，则"豐"与"豊"构字意图相同，"豊"作名词，"豐"作形容词。李孝定《甲骨文字集释》："以言事神之事则为禮，以言事神之器则为豊，以言牺牲玉帛之腆美则为豐，其始实为一字也。"然则名词礼器、动词行礼、形容词丰满，三者由同一源头分化而来。"豐"作为形容词，引申出"满""足""大""多""厚""美""富""盛"等常用词义。今简化作"丰"，与表示"艸盛"的"丰"混同，或即借丰为"豐"。

京津4241　　　畐父辛爵　　　士父钟

畐（畐），fú，"，满也。从高省，象高厚之形。讀若伏"。〔图〕甲三〇七二，〔图〕士父钟，象长颈、鼓腹、圆底器形，以鼓腹象征丰满多福，后加"示"旁作"福"。"富""福"同。一般来说，古人精神生活的主要内容是祭祀。"富"字造形之所以是长颈酒器的模样，应与豆为高脚盛盘的道理相通，是便于饮食之气上达于神明，从而实现享神祈福的目的。

甲 2416　　　齐巫姜簠

巫，wū，"〔图〕，祝也。女能事無形，以舞降神者也。象人兩褎舞形。與工同意。古者巫咸初作巫"。〔图〕甲二三五六，巫师持物（工）展袖以舞，一说持两玉以事神，一说象巫师作法之法器形。"巫"是人和神之间的中介，在古代地位非同寻常，且与医、史官关系密切，故"巫医""巫史"连言。巫先为女性，后来也出现男巫，称作"觋（xí）"，合称"巫觋"。"巫"作为沟通人、神的特殊职业，上诉民意而下达天听，要求能歌善舞，故"巫""舞"音义同。为了娱神降神，巫还要长得漂亮且多情善感，《楚辞》中记载了许多关于"巫"的美丽传说，如"巫山神女""湘夫人""山鬼"等。这些都是先民早期文化的鲜活样态。

菁5.1　　　铁174.3　　　拾6.10

卜，bǔ，"卜，灼剥龜也。象灸龜之形，一曰象龜兆之從（纵）横也"。"卜"为相交的纹路，用烧龟甲的裂纹表示占卜。除了舞蹈等仪式，占卜也是巫史等神职人员沟通人神、预示吉凶的常用手段。殷商时期，盛行用龟甲占卜。大致是先在龟版上钻一些不透孔，然后在反面用火灼烧，钻有孔的地方就会裂开纹路，其形状大多像"卜"字。周代除了龟占之外，还有蓍占。有人说《周易》的卦象就是用蓍草摆出来的，其形状大多像"爻"字，三爻或六爻堆起来就是"卦"。用不同方式显示纹路叫"卜"，解说这些纹路所含天意叫"占（以口解释爻）"，纹路所含的天意叫作"兆"。"卜""爻""卦""兆""占"都是与占卜纹路相关的字。

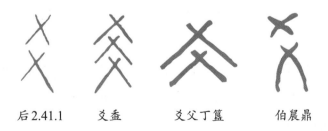

后2.41.1　　　爻盉　　　爻父丁簋　　　伯晨鼎

爻，yáo，"𝕏，交也。象《易》六爻頭交也"。𝕏 铁
一〇〇·二，卜纹交错之象。《周易》有阴爻（﹣﹣）、阳爻（—），
是组建六十四卦的两个基本符号。"爻""交"音义近，有时混
用，如"駁-駮""效-効""窔-交""骹-骱""較-較"等。

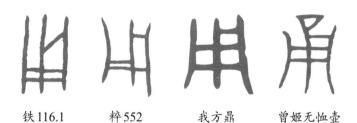

铁116.1　　　粹552　　　　我方鼎　　　曾姬无恤壶

用，yòng，"用，可施行也。从卜，从中，衛宏说"。用
前四·六·四，甲骨版上有"卜"纹，表明已施用。一说象桶
（量器）或甬（大钟）形，表器之用，后来扩展指一切用度。
制作木桶的技术指数很高，恐非造字时所能有。许慎撰《说
文》，说自己是"博采通人，至于小大"。所谓"通人"，相
当于时下流行的"达人"，是指在某些领域有突出才能的人，
比如说东汉学者卫宏，就是熟悉并传承前人构字意图学说的
通人。所以《说文》的说法是有根有据的，是经得起推敲的，
"用"字的解释也不例外。

日用器皿类基础字，比如瓦、缶之类构成的一些常用字，
依然活跃在今天的日常生活中，如蒸包子的"甑"从瓦，装
水的"缸"从缶。"缶"本指陶器，"瓦"为"土器已烧之总名"。

瓶瓶罐罐，形形色色，但百变不离其宗，根都在瓦和缶。

又如，从皿构成的常用字，洗脚的"盆"，上面的"分"有张开之义，故盆是一种开口很大的器皿。装饭菜的"盤（盘）"，上面是"般"，《说文》云"象舟之旋"，故盘是一种很浅且椭圆形的器皿。这些字及其所表示的器皿我们经常使用，只是容易忽略其来历。

又如，器字从"犬所以守之"，说明器不同于一般的物品，而是宗庙之器、国之重器，即"鼎""尊""爵"之类的礼器。《论语·公冶长》有这样一则记载："子贡问曰：'赐也何如？'子曰：'女（汝）器也。'曰：'何器也？'曰：'瑚琏也。'"大意是说，孔子的弟子子贡，姓端木，名赐，有一次他问老师怎么看自己，孔子说他是个"器"，他问老师自己是什么器，孔子说是瑚琏。"瑚"和"琏"都是古代宗庙盛放黍稷的祭器，夏朝叫"瑚"，商朝叫"琏"，字都从玉。子贡在"孔门十哲"中以言语闻名，且有干济之才，曾任鲁国、卫国之相，还善于经商，成为古代汉族民间信奉的财神。可见孔子称子贡为瑚琏，正是以宗庙祭器来比喻子贡才华过人，堪当大任，"瑚琏之器"也就成了后世习用的成语。

《管子·小匡》说："管仲者，天下之贤人也，大器也。"现在夸赞一个人很有前途，能干大事，就说"终成大器""大器晚成"。相反，说一个人小肚鸡肠，难成气候，则说"小器

（现在又作"小气"）"。如《论语·八佾》说"管仲之器小哉"，《后汉书·马援传》云"朱勃小器速成，智尽此耳"。类似的说法在日常生活中随处可见，善学者当深思其意，或起码对这些日用品的字形构造有所理解。

此外，上一讲中所提到的"鼎""酉""尊"等，均为高级的、有皇家大气魄的器物，也是国之重器、大器，实际上也可以纳入本讲常用器皿类中。如"酉"是酒坛子，"酋"是冒着香气的酒坛子，后来主持祭酒的人也叫"酋"。尊敬的"尊"，是双手（廾）捧着一个酒香扑鼻的酒坛子（酋）。为什么要强调酒香呢？因为酒的第一要义是祀神，香气上达，才能让神享用。祀神常用的酒为"鬯"，就是将黑黍配上郁草，使其"芬芳攸服，以降神"。现代汉语中常"尊敬"连用，就是因为"尊"本为奉酒敬神，引申为敬一切。

由此可见，许许多多看似跟人们的生活关系不密切的文化迹象，经由文字构形的透彻分析，就变得清晰可辨且亲切可感了。

第十讲　武器、交通与工具
及其他类基础字形讲析

工具、武器是人手臂的加长和延伸，是人类智慧的产物。能够制造、使用并不断改进生产工具，是人与其他动物的根本性区别。先用长"干"扑击，再织长柄"毕"捞捕，发展为织各类网罟罗捕；先用土和石块抛击（如《吴越春秋·弹歌》云"断竹续竹，飞土逐害"），再用弋发弹丸飞击，发展为弯弓、飞矢射击。这些都是人类进步的表征，一步一个脚印，展示出中华文明悠久的发展历史。

在远古时代，部族间的战争连绵不断，武器、交通类字也就相当发达，有的也与生活实用相结合，共同反映了其时真实的社会面貌。

一、武器与交通类器具

甲3085　　甲3092　　子刀父辛方鼎　子父癸鼎　　刀爵

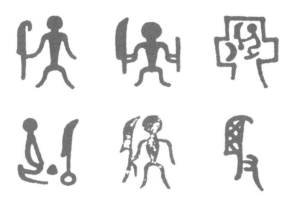

图形文字举隅（《商周图形文字编》）

刀，dāo，"𠚣，兵也。象形"。𠚣粹一一八四，象刀形，兵器的一种。《说文》云"兵"，泛指各类兵器，故刀的构字能力特别强，从刀之字皆与兵器有关。刀作偏旁常居右而楷化作"刂"，所谓"立刀旁"。《说文·刀部》有62个字，如初、剪、则、剖、副、列、割、劈、削、刮、刷、制、刺、剥、利等皆从刀。

前 4.51.1　　　冬刃觚　　　郭.成.35

刃，rèn，"𠛄，刀堅也。象刀有刃之形"。 前四·五一·一，用符号（或点或圈）指示刀锋（刃）所在，属于典型的指事字。

甲 1170　　　　师同鼎　　　　　秦阳陵虎符

韧，qià，"𦘔，巧韧也。从刀，丯聲"。以刀刻画竹木有痕（丯）形，即契刻字之初文。又《说文》："契，大約也。从大，从韧。《易》曰：'後代聖人易之以書契。'""栔，刻也。从韧，从木。"古人在竹片或木片上刻上痕纹，是为"韧"；然后将它从中间剖分为二，当事双方各持其一，作为凭据或信物，是为"契"；为了明确其质地多为木而加木旁，是为"栔"。"韧""契""栔"同。所谓"契约"，原本是指由两半刻有痕纹的竹木片所维持的约定；如果将这两半竹木片拼合起来，其上的纹路一致，即为"契合"。后世的兵符、虎符等符节，与契实则一脉相承，故又有"符合"的说法。如果不用痕纹，而改用文字来做凭据或信物，就是"书契"，后来又称"文书"。

丰，jiè，"丰，艸蔡也。象艸生之散亂也"。象横竖乱长的草芥形。或谓象竹木刻痕形，即"韧"的左边。

甲249　林1.14.7　后2.38.6　亚耳且丁尊　邻郘簋

且，jū，"且，薦也。从几，足有二横。一，其下地也"。⻆甲二三五一，⻄盉鼎，祭祀盛放牲肉的礼器，近似砧板。"且"与"俎"同，《说文》："俎，禮俎也。从半肉在且上。"《史记·项羽本纪》："如今人方为刀俎，我为鱼肉。"又，"宜"《说文》古文作"宮"，家（宀）有肉（多）食，宜居也。而甲骨文、金文作⻅、⻆，正像置肉于"且"上。或谓"且"为神主形，即牌位，则"且"与"祖"同。"且""俎""祖"音义同源。

几，jǐ，"⺦，踞几也。象形"。⺦为几案形，古几很低矮，供坐地时倚靠之用。古人

席地而坐，容易疲累，故常设矮脚靠案以便歇息，古有"隐几而卧"的说法。

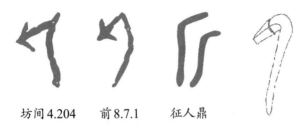

坊间4.204　　　前8.7.1　　　征人鼎

斤，jīn，"斤，斫木（斧）也。象形"。坊间四·二〇四，天君鼎，短柄尖刃斧形。《说文》讲"斧"从斤，父声，实则"父"亦"斧"之一种。父，乙四〇五，父癸方鼎，象手持石斧形。"父-斤-斧"，构形由特殊到一般。初民以物易物，互通有无，或以斧斤作为衡量交换物价值的单位，如"十斤米"就是价值相当于十把斧子的米，后来演变成度量衡的一个基本单位。古时多以十六两为一斤。度量衡的单位原本都是从实物来的，如"寸"本指示距离手腕一寸长的部位；"尺"从尸，从乙，尸为人身，乙为标识，即尺亦本为指示人身的某个部位，即小臂的长度；"步"本指行走时两只脚板各迈一次的长度。这些长度单位都是"近取诸身"的表现。而两、升、斗、龠等重量与容量单位，则属于"远取诸物"。

后2.29.6　　佚729　　庚壺　　邻齮尹征城　　楚王酓忎鼎

兵，bīng，"屌，械也。从廾持斤，并力之皃"。双手（廾）持举斧头（斤），并力砍杀。《诗经·豳风·破斧》："既破我斧，又缺我斨。周公东征，四国是皇。""兵"，扩展用来指兵器名，如"短兵相接""厉兵秣马"；后转指持武器的人，即兵士，如"兵来将挡""草木皆兵"；引申指战事，如"兵不厌诈""穷兵黩武"等。

铁164.4　　甲2282　　司母辛方鼎　　令▮父辛卣　　伯宽父盨

辛，xīn，"罕，秋時萬物成而孰，金剛味辛，辛痛即泣出。从一，从䇂。䇂，辠也。辛承庚，象人股"。《说文》释干支类字多用汉人五行观念。甲骨文作罕，金文作罕，象施肉刑的宽大刑刀状。从辛之字有妾、僕，此外，还有辠（"犯法也"）、宰（"辠人屋下執事者"）、辜（"辠也"）、辭（"訟也")、辪（辠也）等皆从辛，都与犯罪受刑相关。故辛引申有"尖利""苦痛""辛辣"诸义。辛很早又借作天干字。

（辡）

辡作文父己簋

辡，biǎn，"辡，辠人相與訟也。从二辛"。从二"辛"，许慎释为两罪人争讼，盖以"辛"即"辛"，代表犯罪；而今人多认为"辛"为半边牲体之形讹。《说文》："辨，判也。""辡"即一刀劈为二"辛"，此辛不可释为罪，故"辡"实为"剖分为二"之义，故引申有"分辩""分析""分组"等义。"辡""辩""辨""辮"音义同源，"辦""瓣"等皆从辡，皆含分析之义。

郏3下.39.11　　毛公鼎　　师克盨盖

干，gān，"干，犯也。从反入，从一"。"入"之叉朝下，"干"之叉朝上。干郏三下·三九·一一，干毛公鼎，象带叉头的

竹木竿形，当为最初的田猎武器，攻防并用。或说"干"与
"單（甲骨文、金文作 ❦、❦、❦、❦、❦、❦）"本为一字。
"單"增繁加"戈"而为"戰"，干、戈相向即战争。又"戎"
从甲（十），从戈，实则从干，从戈。"甲"或"十"皆"干"
之变形，本为侧重防护之具，相当于盾。战争讲究攻守并重，
故"干戈"连言。

　　总之，"戰"与"戎"皆从干、戈会意。所谓"刑天舞
干戚"，"戚"为斧之一种，"干戚"犹"干戈"。又"干"与
"杆""竿"为古今字。"干"的最初形制大概就是一根带叉的
竹木杆，后来才逐渐变得复杂起来。《方言》："盾，自关而东
谓之戚，或谓之干，关西谓之盾。"其中的"戚"，《诗经·秦
风·小戎》作"伐"，云"蒙伐有苑"，"蒙伐"就是饰有花纹
的盾。"干"用于攻，则引申为"干犯""干涉""干事"诸义；
"干"用于守，则为"扞"，即《说文》"盾"字下所谓"扞身
蔽目"，今所谓"捍卫"。

戈簋　　戉矛铙

　　矛，máo，"❦，酋矛也。建於兵車，長二丈。象形"。

戛戛簋，象长矛形。《说文》："戛，古文矛从戈。""戈""矛"是先秦军队最为常见的武器装备，典籍中常将二者连言。

乙7108　　戈器　　戈觯　　北单戈盘　　家戈父庚卣

图形文字举隅（《商周图形文字编》）

戈，gē，"戈，平头戟也。从弋，一横之。象形"。戈珠四五八，戈乙七一〇八，象长柄横刃的兵器形。在坚韧的铁器还未出现时，以青铜铸造的兵器韧度有限，只有刺和啄才能发挥最大的杀伤力，而矛直刺，戈横啄，自然备受青睐。《说文·戈部》有31个字。"戈"为武器的代表与战争的象征。

前8.11.3　　大盂鼎　　帜且丙觚　　秣簋　　戎作从彝卣

戎（戒），róng，"戒，兵也。从戈，从甲"。一手执盾牌（十、甲），一手持戈，表示战争之事。最初的"盾"大概是一根带叉的棍子（干），后来为了增强防护效果，就在棍上捆扎东西，增大遮挡面积，戎字所从之"甲"，应当就是棍上捆扎东西之后的样子。三国时期西南夷有藤甲盾，诸葛亮"火烧藤甲兵"之"藤甲"，即是"甲"的遗象。

后2.13.5　　粹1147　　作册矢令簋　　叟尊　　图形文字

戍，shù，"戍，守邊也。从人持戈"。会士兵持（扛）戈巡逻守卫之意。后世"戍守""卫戍"连言，如"戍守边关""北京卫戍区"等。

筍戍父癸甗　前2.16.2　乙4692　虢季子白盘

图形文字举隅（《商周图形文字编》）

戉，yuè，"戉，斧也。从戈，ㄥ聲"。卩后上三一·六，象陈九二，象半圆阔刃长柄斧形。"戉"与"鉞"为古今字。"戉"为大斧，刃口圆阔而跨度大，由此引申出动词"跨越"义，"越"从戉。

拾3.12　甲949　毓且丁卣　矢令方彝　舀鼎

我，wǒ，"我，施身自謂也。或说我，頃頓也。一曰古殺字"。^{粹八七八}，^{邺二下·四一·一}，象长柄齿刃兵器形，古亦称"錡"。图形文字有作、、者。春秋末期，齐国式微，晏子言"国之诸市，屦贱踊贵"，是说统治者滥用刑罚，许多人被砍了脚，以致各处市场上的假腿卖得比鞋子还贵。那用来砍脚的刑具，大概就是带齿的"我"，利于锯断粗硬的腿骨。"我"戾气太重，不堪回首。"吾""我"音近，《说文》："吾，我自称也。""我"很早就被借用作第一人称代词。废除酷刑后，"我"的本义锯子遂不用，但《说文》"一曰古殺字"依然透露了个中讯息。

甲903　　甲3940　　　司母戊方鼎　　嗷士卿父戊尊　　癸罢爵

戊，wù，"，中宫也。象六甲五龍相拘絞也。戊承丁，象人脅"。^{前三·四·三}，^{司母戊方鼎}，象月牙形宽刃长柄斧形，"父""斧""戊""武"音近义通。

"戊"借作天干字。许慎的说法中，"中宫"是说戊居十天干的中央部位；"六甲五龙"是说天干、地支相配，六十日一循环，当中有甲子、甲戌等六个甲日，是为"六甲"。六甲中又有戊

辰、庚辰等五个辰日，辰属龙，是为"五龙"。

戊15.6　　甲124.3　　甲1266　　燕165　　矵尊

戌，xū，"戌，滅也。九月陽气微，萬物畢成，陽下入地也。五行，土生於戌，盛於戌，從戊含一"。京津四一五八，頌鼎，象阔刃大斧形，用于杀灭生灵。"戌"借作地支字。"威"字从火、戌，"火死于戌"，故灭，此乃阴阳五行之说。

宁沪1.592　粹1546　戕燓姬簋　戚乍彝觯　郭.语1.34

戚，qī，"戚，戊也。从戊，未聲"。斧的一种，后世常"干戚"连言。据段玉裁《说文解字注》，戊大戚小，"戊"引申有"跨越""超远"之义，"戚"引申则有"迫促""切近"之义，

"亲戚"正由"切近"义引申。

古代战争频繁，武器占有重要地位，体现在语言文字上，就是对武器的命名和分类非常烦琐。因经常使用，便着力在构形上体现它们之间的细微差别。如戉、戊、戌、戚皆为斧形兵器，"戉"之左笔作弯钩状，以示刃口圆阔弯曲；"戊"之左笔稍外拐，以示刃口似月牙；"戌"较"戊"中间多一横，实为画出斧刃下缘以强调其锋利；"戚"则因"卡""促"音近，以强调其身刃局促狭窄。只是后来这些武器都不常用了，为它们所造的文字也就借作别用，它们在字形构形上的特点与差异就鲜为人知了。

前5.7.2　　乙137　　菁11.19　　弓父庚卣　　同卣

弓，gōng，"弓，以近穷远。象形。古者挥作弓"。弓前五·七·二。象打弹子、射箭的弓形。《说文·弓部》有27个字，如张、引、弹、發、弘、彊等皆从弓。

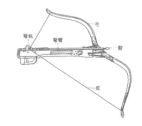

弩，nǔ，"弩，弓有臂者。《周禮》四弩：夾弩、庾弩、唐弩、大弩。从弓，奴聲"。一种利用机械力来发射箭的弓，也称"弩机"。其有力耐用如奴隶，故从弓，奴声。弩的出现，标志着弓矢技术有了质的飞跃。

零17　　拾10.6　　甲644　　典弢父丁觶　　亚弢觥

弜，jiàng，"，彊也。从二弓"。象矫正弓的器具形，即弓檠。弓经矫正则强，由矫正又引申出"辅助"义，辅弼之"弼"字从弜。一说弓能"以近穷远"，本身就含有强义，所谓"强弓劲弩"，则"弜"从二弓，就是"强强联合"之意。《三国》里的黄忠就是通过拉断双弓来显示自己膂力过人、宝刀未老的。"弜"为表强劲的本字，"彊（"弓有力也"）"为后起形声字，"强（"蚚也"，即小虫米象）"为简化借用字，其关系为：弜-彊（强）。

甲3117　　河336　　敔簋　　矢伯只作父癸卣　　伯晨鼎

矢，shǐ，"𠂕，弓弩矢也。从入，象鏑（箭头）、栝（箭末扣弦处）、羽（箭尾羽）之形。古者夷牟初作矢"。𠂕甲一九七六，𠂉矢伯只作父癸卣，象箭形。

前 7.24.1　　甲 2562　　邺 3 下 .38.2

雉，zhì，"雉，有十四種：盧諸雉，喬雉，……从隹，矢聲。䧿，古文雉从弟"。甲骨文作𢏚，罗振玉《增订殷虚书契考释》："《说文解字》雉，古文作䧿，从弟。今以卜辞考之，……盖象以绳索系矢而射，所谓矰缴者也。"初民系矢所射

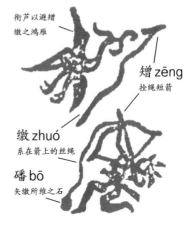

衔芦以避矰缴之鸿雁

矰 zēng　　拴绳短箭

缴 zhuó　　系在箭上的丝绳

磻 bō　　矢缴所维之石

者为野鸡，即山鸡，《玉篇·隹部》："雉，野鸡也。"野鸡的羽毛很漂亮，相传凤凰就是取象于野鸡的。

亚向父戊爵　　　叉穿鼎　　　叉鼎

丸，wán，"[象]，圜傾側而轉者。从反仄"。[象]侍其[繇]木方，依附于手以象弹丸形。以手指（又）夹圆形土石块（·）飞击鸟兽，即《吴越春秋·弹歌》所云"飞土逐肉"。

铁176.1　　甲632　　甲簋　　救方鼎　　分甲盘

甲，jiǎ，"[象]，東方之孟，陽气萌動，从木戴孚甲之象。一曰人頭宜爲甲，甲象人頭"。指草木种子外壳，也指人脑壳。[十]后上三·一六，[田]分甲盘，[中]诅楚文，象盾牌盔甲形。作为战争护具，最初是绑棍作十字叉状，转动时可抵挡刀剑攻击，如"戎"字从十、戈；其次作团牌之盾形；最后作盔戴于头顶，或作甲衣着于身上。借为天干之首。

甲 427　　甲 1249　　乙 90　　利簋　　曾伯霖簋

克，kè，"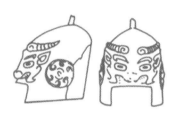白，肩也。象屋
下刻木之形"。此说有待商榷。
甲甲一二四九，**彡**克鼎，"克"与"**亯**
（亯）"的构形近似，象武士头戴
盔甲形。武士无坚不克，故表示胜任、能够。

图形文字

皃，mào，"**皃**，頌（容）儀也。从人，白象人面形。貌，
皃或从頁，豹省聲。貌，籀文皃从豹省"。象人面部形（白），
人身（儿）为衬托。今通作"貌"，取繁不取简，这是汉字
简化中少有的现象，可能是为了避免"皃"与"兒女"的"兒"
形近而混淆。

五年师旋簋

　　盾，dùn，"盾，瞂也，所以扞身蔽目。象形"。五年师旋簋，象遮护眼面的盾牌侧视形。"盾"最开始的时候大概主要是保护头部的，后来为了更全面地保护身体，于是改造成可以戴在头上、甚至穿在身上的"甲"。如《楚辞·九歌·国殇》："操吴戈兮被犀甲，车错毂兮短兵接。""犀甲"就是用犀牛皮制成的披在身上的坚韧防身甲，其作用已经远远超过了盾。

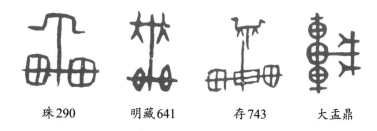

| 珠290 | 明藏641 | 存743 | 大盂鼎 |

　　車（车），chē，"車，舆輪之總名。夏后時奚仲所造。象形。戁，籀文車"。乙三二四，铁一六〇·三，象车形。"車"取籀文"戁"之局部以代整体；一说象俯视而竖写的车形，"｜"为车轴，"田"为车厢，上下两横为车轮。将车形竖写作"車"，就像将眼睛竖写作"目"一样，是为了照顾作为方块字的汉

西周车复原（据刘永华）及与车相关的图形文字
（据《商周图形文字编》）

字在行款上的美观。一般认为，中国人骑马是战国时赵武灵王"胡服骑射"之后才渐渐盛行起来的。在此之前，人们陆路出行的主要或唯一的交通工具就是车。加之古时战争频仍，而车战往往是战场上绝对的主角，故车类字很多，常用字也很多。《说文·車部》有99个字，如輕、輿、輯、軸、輪、轅、軍、轄、轉、輸、載、軌、斬、輔、轟等常用字皆从车。

　　苏轼、苏辙兄弟声名远播，他们的名字都与车有关，都来自《曹刿论战》一文。苏轼字子瞻，"轼"源自"登轼而望之"一句，"轼"本指设在车厢前面供人凭倚的横木，"瞻"即句中"望"的意思；苏辙字子由，"辙"源自"下视其辙"一句，"辙"本指车迹，即车轮碾过的痕迹，"由"是遵循的意思。齐军败北，车子行不由辙，正应了"吾视其辙乱"一句。对于其中的深意，他们的父亲苏洵曾在《名二子说》中做了言简意赅的解释:"轮、辐、盖、轸,皆有职乎车,而轼独若无所为者。虽然,去轼则吾未见其为完车也。轼乎,吾惧汝之不外饰也。天下之车,莫不由辙,而言车之功者,辙不与焉。虽然,车仆马毙,而患亦不及辙。是辙者,善处乎祸福之间也。辙乎,吾知免矣。"大意是说,"轼"是车上看似不重要却又不可或缺的部件,重要却不显眼,正好可以用来劝诫个性张扬"不外饰(不对外掩饰而露才扬己)"的苏轼;"辙"是所有的车都要遵循的轨迹,但是车的功过祸福却与车迹无关,即范围万物却能超然物外,正好可以用来勉励性情内敛的苏辙。

歔歔方鼎

芮毁

网(两),liǎng,"㒳,再也。从冂。㒳"。㒳卫盉,一物中分为二之形。凡成双成对者,皆可称两。如一车驾二马为"网(后作辆)",《风俗通》:"车有两轮,马有四匹,故车称两,马称匹。"又如《诗经·齐风·南山》:"葛屦五两,冠緌双止。"朱熹《集传》:"两,二履也。"又《说文》:"兩,二十四铢为一兩。从一;㒳,平分,亦聲。""网""兩""辆"同源通用。

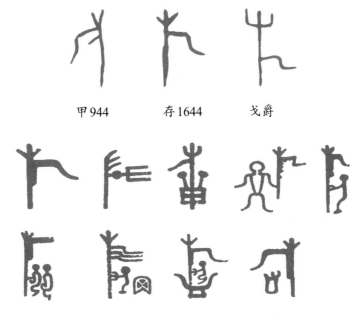

甲 944　　　　　存 1644　　　　戈爵

图形文字举隅（《商周图形文字编》）

从，yǎn，"𭒍，旌旗之游从蹇之皃。从中，曲而下垂；从，相出入也。讀若偃。古人名从，字子游"。𣃟前五·五·七，象竖竿上旗子飘飞貌。《说文·从部》有23个字，如旌、旗、施、游、旋、旅、族等字皆从从。"游"即古代旗帜飘荡的下摆或垂饰，字俗作"旒"；一说古人游历在外，游学或游宦，大概是要手持某种旗子，来标识自己的身份，有些像和尚化缘的度牒。又，"旅，军之五百人为旅。从从，从从"。"旅"是旗帜底下跟着两个人，古代军队总是以旗帜为先导，士兵结队相随；现在的旅行团，还常见到导游在前举着一面小旗，领着游客四处观光的类似情形。

朇羌钟　　　曾子斿鼎

　　倝，gàn，"𦥎，日始出光倝倝也。从旦，㫃聲"。朇羌钟，下象太阳升起（旦），上象旗帜（㫃），日出其光如旗帜高升飘扬貌。"乾""幹""翰"等由此构形并得音义。《说文》："乾，上出也。"阳光充满力量感，《周易·乾卦》六爻皆阳，动力上行。"幹"为天干本字，《广雅》："甲乙为幹。幹者，日之神也。"《说文》："翰，天雞赤羽也。"《诗经·小雅·小宛》："宛彼鸣鸠，翰飞戾天。""翰飞"即高飞。"倝"为日出东升，光被四表，引申为"广远"之义，故瀚海（沙漠）字亦从倝。

甲640　　　甲775　　　铁94.4　　　前5.39.7　　六年召伯虎簋

　　勿，wù，"勿，州里所建旗。象其柄，有三游。雜帛，幅半異。所以趣民，故遽稱勿勿"。甲四七五，粹四二四，彩色三游旗，急时召集民众（所谓"旗语"），后作"旐"。一说为杂色牛"物"之初文，"勿"与"物"为古今字。《诗经·小雅·无羊》："三十维物，尔牲则具。"王国维《释物》："物本杂色牛之名，后推之以名杂帛。"又一说甲骨文、金文多作刀旁血滴之形，本义当为宰割牲体。

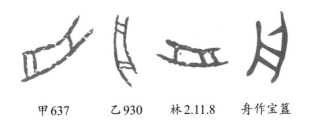

甲 637　　　　乙 930　　　　林 2.11.8　　　　舟作宝簋

舟，zhōu，"月，船也。古者共鼓、货狄刳木爲舟，剡木爲楫，以濟不通。象形"。𦨶 前七·二一·三，月 舟簋，象独木船形。《说文·舟部》有 12 个字，船、舫、般等字皆从舟。

燕 606　　　佚 18　　　佚 40　　　甲 3613　　　戍 B180 鼎

方，fāng，"𤰣，併船也。象两舟省總头形"。才 后下一三·五，𤰣 前五·二三·二，象并两船同行之形，孔广居认为：下两笔为二舟并，上"一"或"⌒"为系舟绳索。一说舟为独

木船，则方为并木船，
《诗经·邶风·谷风》：
"方之舟之。"《周南·汉
广》："江之永矣，不可
方思。"陈奂《诗毛氏

传疏》："《诗》之方，当是并木，不是并船。"是方或即并编
竹木而成的渡筏之类。

二、工具及其他器具

| 前2.40.7 | 粹1271 | 伯矩盉盖 | 伯矩尊 | 伯矩鼎 |

工，gōng，"工，巧飾也。象人有規榘也，與巫同意"。
象曲尺（工字尺）形。又，"巨，規巨也。从工，象手持之。
榘，巨或从木、矢"。"矩"金文作䢅，象人手执尺工作之形；
其所从之"矢"，实为"大"或"夫"之讹，原本应是人形。
"工－巨－矩－榘"是其演变序列，初民山居，最早的工艺当
为木工。后由木工扩展指代一切工，从而使得后世各行各业
几乎都将木匠鼻祖鲁班视为祖师爷了。从工之字，如功、贡、

攻、红、缸、空、控、扛等都含有"人做工"的核心义素。

　　粹945　　　　塞公孙痁父匜

　　琵，zhǎn，"ΙΙ，極巧視之也。从四工"。"工"为"巧饰"，从四工则表示极巧。又《说文》："襄，丹縠衣。从衣，琵聲。""縠"为细绢，"丹縠衣"就是一种极巧之衣。又，"屡，轉也。从尸，襄省聲。""尸"为"展布四体之意"，故引申有"展开""展示"之义；"转也"之义《字林》作"辗"。此外，从琵构形之字，有窭（或作"窦""寞"），塞（通常作"塞"），《说文》："窭，窒也。从琵，从廾，窒宀中。""塞，隔也。从土，从窭。"即"窭"为堵塞字，"塞"为边塞字。四工相合，故有"众多""齐平"之义，引申则有"窒实""边远"之义。是故取琵"极巧"之义，则有襄、屡；取其"众齐"之义，则有窭、塞。国学大师章太炎有四个女儿，分别取名为燚（lì，丽廔本字）、叕（zhuó，缀之初文）、琵（zhǎn，展字所本）、㗊（jí，喧闹之意），连当时的学界名流都不认识，可见章太炎先生学识渊博，认识的字极多。

甲2451　　乙9077　　后2.24.3

卪，jié，"弓，瑞信也。象相合之形"。所谓"象相合之形"，盖就两片刻有痕纹的"契"而言。〇乙九〇七七，〇甲二四九一，象人跪形，也作"卩"。人跪则身体曲折成多节。或说跪则屈膝，"卩"为"膝""跽（长跪）"初文。"卩（膝）"为人之关节，"節"为竹之关节，"卩"与"節"为古今字。符信多为竹制，竹有節如膝，符信又称"符节"，故《说文》训"瑞信"。"卪"作构字偏旁常居右，有时与阝（邑）混。

乙112　　　佚637　　　曾伯霖簠

印，yìn，"弓，执政所持信也。从爪，从卪"。〇乙一四三，〇毛公鼎，会以手按人使跪之意，引申为一般的按压之义，即"抑"的初文。"印"与"抑"为古今字。《管子·君臣上》"符节、印玺、典法、策籍"，尹知章注："符节、印玺，所以示其信也。"符节""印玺"都是古人常用的信物。"符节"是先将完整的信物一分为二，而后通过拼合，查验上面的痕纹走势或文字内容等是否一致来作为凭证的；"印玺"则是先将信物原件用力按压在泥、纸或布帛之上，产生副本，而后通过释读，检验上面的纹饰或文字内容是否具有公信力来作为凭证的。所以前者有"符合""契合"之说，后者有"印章""印记"之名。

甲630　　亚耳且丁尊　　佣父丁鼎　　虢季子白盘　　包2.4

丁，dīng，"个，夏時萬物皆丁實。象形。丁承丙，象人心"。●乙七七九五，▼虢季子白盘，丨古鉨，象从不同角度所呈现的钉子形，同"钉"。●乃钉在墙上的钉帽，因与"口"易混而变作竖形丨。"丁"借作天干字，本义加"金"旁作"釘"。新附字"打，擊也，从手，丁聲"，是由敲钉子扩展指一切打击，其发展序列可表示为：丁-釘-打。

甲2809　　铁101.1　　中山王嚳方壶　　夆父辛卣盖　　商朝戴枷的奴隶俑

粹947　　　前6.17.4　　　前5.36.4　　　甲2415　　　铁76.1

图形文字举隅（《商周图形文字编》）

　　卒，niè，"傘，所以驚人也。从大，从羊。一曰大聲也"。前四·三二·五，象手铐形。若无辜被手铐铐上，则够惊人的。执，繁体作"執"，"執，捕辠人也。从丮，从卒，卒亦聲"，，即为罪人两手铐于"卒"中状。又如"圉，囹圄，所以拘辠人。从卒，从口"，以四面封闭的"口"加代表桎梏的"卒"，会囚室之意。

珡，qín，"，禁也。神農所作，洞越，練朱五弦，周加二弦。象形"。象琴身及弦柱形，后加声符作琴，"珡"与"琴"为古今字。

前5.19.2　掇2.122　存下74　散氏盘　士上卣

龠，yuè，"，樂之竹管，三孔，以和眾聲也。从品龠，龠，理也"。前五·一九·二，臣辰卣，象编竹管形乐器，上或有嘴（亼）可吹奏，相当于排箫之类。

后1.10.4　京津3728　乐作旅鼎　瘟钟　子璋钟

樂（乐），yuè，"，五聲八音總名。象鼓鞞。木，虡也"。后上一九·五，召乐父匜，罗振玉谓"从丝坿（附）木上，琴瑟之象也"。"龠"为管乐，"樂"从木、丝而为弦乐，《说文》云"象鼓鞞"，则为打击乐。"龠""樂"古音近，盖本同为音乐之代称。大概后来弦乐的普及程度远远超过了管乐，音乐之名遂为"樂"字所专。

（嗣）

大盂鼎　　　　戌嗣子鼎

冊（册），cè，"，符命也，諸侯進受於王也。象其札，一長一短，中有二編之形"。前四·三七·六，善夫山鼎，用牛筋（韦）编竹简成书册，孔子读《易》曾"韦编三绝"。从册之字，如"嗣，諸侯嗣國也。从冊，从口，司聲"。古代君主封立继承人、妃嫔及大臣等，常将诏令书之于册，故有"册命""册封"之说。又如"扁，署也。从户、冊。户冊者，署門户之文也"。"扁"即编户籍，相当于现在的户口登记。"扁"与"编"为古今字，登记入册，就成了"在编"，即"编制内"人员。

耒父己尊　　耒簋　　耒作宝彝觶

耒，lěi，"耒，手耕曲木也。从木推丯（草芥字）。古者垂作耒耜以振民也"。耒簋，耕地农具，"耒"相当于早期的犁。这是古代农耕发达的标志。"古者剡耜而耕，摩蜃而耨"，初民常用的农具，最开始是天然的大贝壳，后来才有了人工改造过的耒耜。耜、耕、耤、耡等字皆从耒。

前5.10.2　甲777　貝父乙觚　戊寅作父丁方鼎　吕方鼎

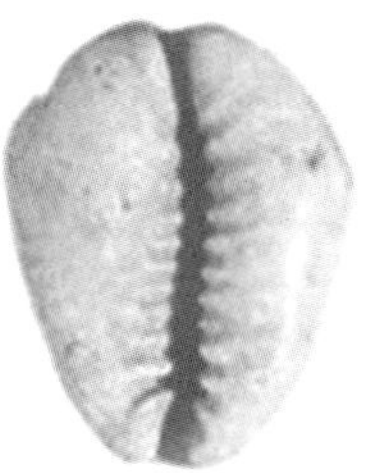

貝（贝），bèi，"貝，海介蟲也。居陸名猋，在水名蜬，象形。古者貨貝而寶龜，周而有泉，至秦廢貝行錢"。甲七七七，瞏卣，象古用作货币的贝壳形。上古一度以贝为流通货币。得（得）、贮（贮）等字从贝，可见人们对贝的珍视。《说文·貝部》有59个字，都跟

钱财有关，如财、货、资、贡、贷、贿、赂、赏、赐、负、贾、宾、责（债）、买、卖、贩、贵、贱、贪、贫等，都很常用。后世虽不用贝作货币了，但有关钱的字还是用贝构形，可见其影响之深远。

毌，guàn，"毌，穿物持之也。从一横贯，象寶貨之形。讀若冠"。象线串贝币之形。金文"朋"作 。甲骨文、金文中常以"朋"作贝的计量单位，如《效卣》"王锡公贝十朋"等。又，《诗经·小雅·菁菁者莪》"锡我百朋"，郑玄笺："古者货贝，五贝为朋。"甲骨文有作 ▇、▇、▇、▇ 者，学者或释作"毌"，或以为干盾字，有争议。毌盖即"串（串爵作 ▇）"之横置。"毌"又与"貫"同，《说文》以为"錢貝之貫"，后世称一串钱为一贯钱。一个接一个重复穿起许多贝为贯，一次又一次重复做类似的事为"遺"或"摜"，《说文》均释作"習也"，今作"惯"。"毌""貫""遺""摜（惯）"同源相通。

粹12 　　前6.65.2 　　京津1032 　　乙7799

玉，yù，"王，石之美。有五德：潤澤以溫，仁之方也；䚡理以外，可以知中，義之方也；其聲舒揚，專以遠聞，智之方也；不橈而折，勇之方也；锐廉而不技，絜之方也。象三玉之连，丨，其贯也"。乙七八〇八，象索贯串玉片之形，以玉佩代表玉。玉是人们对石器时代美好的集体记忆，从玉构形的字都含"美好"义，后人多用来起名字。"玉"字写法本无右下角的一点，是为了与"王"字区别，才人为加上去的。玉作构字偏旁居左则作"𤣩"，即"斜玉旁"，仍不加右下角的一点，至于有人称其为"王字旁"，则是不明其构字原理的缘故。《说文·玉部》多达126个字，洋洋大观，如理、珍、玩、玲、珠、瑰、珈、瑜、琼、瑛、球、璧、环、璋、瑞、瑕、琢等字皆从玉。其中，理为"治玉"，须按玉的天然纹路来进行，故引申出"纹理"之义；珍爱玉为"玩""弄"，是惜玉而爱不释手，《周礼》称"玩好"，现在叫"古玩"；瑞是"以玉为信"，引申为"祥瑞"，是说某些好兆头能像玉制的信物一样作为凭据；球为美玉（依段玉裁《说文解字注》），本为圆形而立体的"玩好"之玉，后来才借用作体育运动中的足球、篮球之类。

（玨）　　　　　　　　（班）

后2.20.15　　邺3下.42.6　　　　　　班簋　　郘公孙班镈

玨，jué，"𤣌，二玉相合爲一玨"。两串玉相并，即一对玉。后作"瑴"，《左传·僖公三十年》："公为之请，纳玉于王与晋侯，皆十瑴。"杜预注："双玉曰瑴。"又，"班，分瑞玉。从珏，从刀"。"班"的本义就是以刀分玉。《尚书·尧典》"班瑞玉于群后"，瑞乃"以玉为信"，故"班瑞玉"是指将玉质的信物中分为二，君臣各执其一以为信。后世"班"通"颁"，颁从页得义则为"大头"，从分得义则同"班"。现今学校将学生按年龄、学历、专业等分为若干组，每一组称作一班，就是由班的本义引申出来的。

乙 7795　　菁 2.1　　甲 426　　佚 427　　前 5.15.5

王，wáng，"王，天下所歸往也。董仲舒曰：'古之造文者，三畫而連其中謂之王。三者，天、地、人也，而參通之者，王也。'孔子曰：'一貫三爲王。'"此处《说文》及其所引诸说，今人多不信从，认为是主观性很浓的声训，或是望文生义的附会。此观点反映出从春秋至汉代的主流意识形态对"王"的把握，有其深厚的认识基础，所谓"一生二,二生三,三生万物"，能够参通"三"的人才有资格称王。又，甲

骨文作 ，金文作 ，用石斧、铜斧钺之形代表王权。一说象火苗旺盛上腾形，为"旺"之本字。

前 2.24.8　　　吴王光鉴　　　兆域图铜版

后，hòu，"后，繼體君也。象人之形。施令以告四方，故厂之。从一口，發號者，君后也"。"司"是以手（彐）遮口（口）发号施令，将"司"字形右翻为"后"，司→后，表发号施令者，即君后。甲骨文或为妇人产子形，与"毓（毓）"同字，母系氏族的首领为"后"，有"君主"之义；后负责产子，有些像蜂后、蚁后。《说文》云"继体君"，即继承之君，与妇人产子而传宗接代的理念相通。进入父系社会，"后"也可指男性之尊者，如后土、后稷等。随着社会的进一步发展，女性地位式微，"后"就沦落为仅指称男性君主的妻子了，如皇后、后妃等。"后"与"後"不同。前文提到，"後"是脚板上（夂）系着绳子（幺）走路（彳），行动不便，自然要落后。与"後"相对的是"先"，"先"是人（儿）上有脚板（止），即行动在人前。简化字以"后"兼表"後"，其本义遂不可说。

乙 6561　　郢 3 下 .34.7　　甲 241　　史墙盘

司，sī，"司，臣司事於外者。从反后"。前二·一四·三，司母辛鼎，以手（ヨ）遮口（口）上呼喊，发命令状，动词。引申为"掌管""治理"等义，如司马掌管军政军赋，司空掌管工程建设，司徒掌管教化民众，合称"三有司"。又如"公司"是共同管理的团体，后世称发号命令的军队长官为"司令"，此外还有司仪、司机、司法等，皆源于此。

（君）　　存 1507　　征人鼎　　（尹）　　甲 1712　　史兽鼎

君，jūn，"尊也。从尹。發號，故从口"。

尹，yǐn，"治也。从又、丿，握事者也"。"尹"为以手执笔的行事者，"君"在尹之外再加"口"以示发号命令。能以手执笔处理政务（即"治也"）的人，在古代就是有文化、能够为政一方的长官，如令尹、府尹、京兆尹等。而既能以笔司事以安邦，又能以口敷命以定国的人就是君。君原本也是为政一方的长官，如"君侯""战国四君子"。"尹"加"口"为"君"，犹"令"加"口"为"命"。

　　到此为止，《说文》540部首里边的470多个最根本的字形已经基本讲完了，其他的字都是从这些基础字形生发、扩展而来的。我们以这些基础字形为字根，便可以构造出千千万万的汉字。

第十一、第十二讲 "六书"

——《说文》小篆的构形分析

　　许慎将汉代常用的9353个字进行分析归纳，总结出540个基础字形（或称字根），也就是540部首，其中大多数是构字能力很强的独体之文，也有为数不多而构字能力较强的合体之字。除少部分本身几乎不参与构字或构字能力弱的部首外，剩下的即为已给大家说解的470余个基础字形。一开始我们就提到，"字"是在房（宀）内生孩子（子）。其他文字，就是由这470余个基础字形，按照一定的规则逐渐生成、组合出来的。

　　先了解基础字形，再明确生成规则，这样就能对汉字有一个系统的认识。对汉字生成或构造规则的经典概括就是"六书"。

　　六书，是古人从汉字的形体结构和使用方法中归纳出来的六种规则。许慎在《说文》中给"六书"作了界定并运用这些规则来分析小篆体系的字形结构，提纲挈领，运用自如，

对此后的汉字研究与应用影响深远。本两讲将对"六书"的
来源、内容、作用和性质等作深入而专门的探讨。

一、"六书"名称的由来及其内容

汉字是表意体系的文字，多能见形知义，具有很强的形
象可感性。古人很早就意识到汉字形体结构与词义之间的紧
密联系，如《左传·宣公十二年》"止戈为武"，《韩非子·五
蠹》"自环者谓之私（厶），背私谓之公"，就已经是明确的字
形构造分析了。

（聿）　　　　　　　　　　　　（書）

乙8407　　　聿觯　　　　　　颂簋　　格伯簋

"六书"的"书"，《说文·聿部》"書，箸也。从聿，者
聲"，金文作𦘔、𦘔，上面的"聿"是手持毛笔形，甲骨文
作𦘔。"聿"加形符"𥫗"就是"筆"，加"彳（行之半）"就
是"律"，加"氵（水）"就是"津"。用笔写出法定的行为
准则就是"律"，过河必经的渡口就是"津"，按约定的形义
规则写出的就是"書"，"聿（筆）""律""津"是同源词。所
以"書"的本义是手持笔按规则写字，写笔画或写"者"都

一样，是个动词，今天"书法"的"书"还用本义。所以，"六书"就是用笔画把词义书写到纸上的六种构形规则。有人认为是指六种构造字形的方法，即"六种造字（用字）法"。

就适用性来看，"六书"主要是对秦代"书同文"以来的小篆字系构形规则所做的分析和总结，因此最适宜于《说文》小篆的构形分析，而不是广泛适宜于甲骨文、金文、战国文字、隶书、楷书等各阶段各形制文字的普遍性汉字构形规则。因此，很多批评、改造"六书"的意见，出发点和涵盖面是不同的，以致人言人殊也是不足为奇的。基于此，分析、讲述"六书"，应该以许慎《说文》中的小篆字系为基准，其他体系的字形只是作为参证材料来引用。

清代戴震在《六书论·自序》中评价："六书也者，文字之纲领，而治经之津涉也。载籍极博，统之不外文字；文字虽广，统之不越六书。"强调了掌握"六书"理论在识字通经中，也就是整个传统学问中的重要性。

"六书"一名，最早见于《周礼·地官·保氏》："保氏掌谏王恶，而养国子以道，乃教六艺：一曰五礼，二曰六乐，三曰五射，四曰五驭，五曰六书，六曰九数。"这里的"六书"只是泛指文字系统，具体是哪六书，直到汉代才有人明确指出，东汉的班固、郑众、许慎都明确列举了"六书"的名目。

班固《汉书·艺文志》："古者八岁入小学，故《周官》

保氏掌养国子，教之以六书，谓象形、象事、象意、象声、转注、假借，造字之本也。"而未作各书的具体说明。郑玄《周礼注》引郑众《周礼解诂》列"六书"为"象形、会意、转注、处事、假借、谐声"，也未做说明。许慎《说文解字·叙》列"六书"为"指事、象形、形声、会意、转注、假借"，且举例加以定义，并用于《说文》的具体字形说解之中。

三家"六书"之说，名称、次第虽不全同，源头当为一。班固之说本源自刘歆《七略》；郑众之父郑兴乃刘歆嫡传弟子；许慎师事贾逵，逵父贾徽也是刘歆弟子。"六书"之说可能首先是由刘歆传出来的，刘歆与其父刘向都是西汉著名学者。"六书"理论可能是战国末至西汉的学者研究当时的汉字系统所抽绎出来的条例，刘歆取而传与弟子，然后辗转传承下来。其传承关系可略表如下：

许慎在《说文解字·叙》中明确了"六书"的具体所指，谓："周礼八岁入小学，保氏教国子，先以六书。一曰指事，指事者，视而可识，察而见意，上下是也；二曰象形，

象形者，画成其物，随体诘诎，日月是也；三曰形声，形声者，以事为名，取譬相成，江河是也；四曰会意，会意者，比类合谊，以见指㧑，武信是也；五曰转注，转注者，建类一首，同意相受，考老是也；六曰假借，假借者，本无其字，依声托事，令长是也。"对其顺序的调整，见唐代颜师古《汉书·艺文志》注："象形，谓画成其物，随体诘诎，日月是也。象事，即指事也，谓视而可识，察而见意，上下是也。象意，即会意也，谓比类合谊，以见指㧑，武信是也。象声，即形声，谓以事为名，取譬相成，江河是也。转注，谓建类一首，同意相受，考老是也。假借，谓本无其字，依声托事，令长是也。文字之义，总归六书，故曰立字之本也。"其后唐代张参在《五经文字·序》中据依颜注，取许慎之名称、班固之顺序，列为"象形、指事、会意、形声、转注、假借"，至此"六书"的名称、顺序遂成定例。

虽然班固说六书是"造字之本"，但后世文字研究者多数认为六书不完全是六种造字法或字形结构法则，需要区别对待和解释。明代杨慎《六书索隐》说："六书，象形居其一，象事居其二，象意居其三，象声居其四。假借者，借此四者也；转注者，注此四者也。四象以为经，假借、转注以为纬。"将六书明确分为前四后二两类。戴震在此基础上提出具体的"四体二用说"，其《答江慎修先生论小学书》云："大致造字之始，无所冯依，宇宙间事与形两大端而已。指其事之实曰指事，一、二、上、下是也；象其形之大体曰象形，日、月、水、火是也。文字既立，则声寄于字，而字有可调之声；意寄于字，而字有可通之意，是又文字之两大端也。因而博衍之，取乎声谐曰谐声，声不谐而会合其意曰会意。四者，书之体止此矣。由是之于用，数字具一用者，如初、哉、首、基之皆为始，卬、吾、台、予之皆为我，其义转相为注，曰转注。一字具数用者，依于义以引申，依于声而旁寄，假此以施于彼，曰假借。所以用文字者，斯其两大端也。六书之次第出于自然，立法归于易简。"

他还在《六书论》中说："象形、指事、会意、谐声四者，字之体也；转注、假借二者，字之用也。"其弟子段玉裁在《说文解字注》中申述："戴先生曰，指事、象形、形声、会意四者，字之体也；转注、假借二者，字之用也。圣人复起，不易斯言矣。"又在"顿"字下重申此说，谓前四书是造字法的本体，转注、假借二书不直接造字而是调节性的用字法。王筠《说文释例》也说：象形、指事、会意、谐声"四者为经，造字之本也；转注、假借为纬，用字之法也"。

二、"六书"的定义及其应用

根据蒋善国《说文解字讲稿》（语文出版社1988年）分类

统计，《说文》正篆9353个字，象形364个字，指事125个字，会意1167个字，形声7697个字。他认为"转注、假借"不是造字法，因而没有汉字划入转注和假借。

那么，"象形、指事、会意"直接依义构形，是"形义"类字，共1656个，占17.7%；"形声"字因声寄义，可以称为"声义"类字，共7697个，占82.3%。以此数据为基础，可以对"六书"定义和作用展开具体分析。

（一）象形

许慎《说文解字·叙》："象形者，画成其物，随体诘诎，日月是也。"也有把象形称为"象物"的。"形"是形状，"物"是万物，表现物象要画其线条；"诘诎"即弯曲，所画线条随物体轮廓而弯曲。就是用简洁的线条画出事物最有区别性的特征来表现它，如"日"和"月"的区别性特征就是日总是圆的，月则缺的时候多，所以分别写成⊙和☽。

象形字当源于图形文字，只是图画意味减弱而象征意味加强，一般是一个整体，段玉裁归纳为"独体为文，合体为字"。章太炎说"依类象形，故谓之文。形声相益，即谓之字"。故象形字是"文"，《说文》540部首绝大多数是象形的"文"。从徐铉校定本《说文》看，许慎在说解中标"象形"的148处，是直接指明为象形字的；还有解说为"象某某形"的125处，有的是指出象形字，如《说文·交部》"㚒（交），交脛也，从大，象交形"，有的不是指出象形字，如《说文·雨部》"（靁），陰陽薄動靁雨，生物者也。从雨，晶象回轉形"，指构字部件象某形。指出的象形字也有多种不同的类型，如《说文·竹部》"箕（箕），簸也。从竹；𠀠，象形；下其丌也"，是说只有中间的"𠀠（𠀠）"象形，上面的"竹"是义类表示簸箕是竹子做的，下部的"丌"是放簸箕的架子。该类只是部分象形，为统一起见，后人把这样的字划归形声字或形声兼会意字。又如《说文·米部》"米（米），艸木盛米米然。象形，八聲"，既说象形，又标声符示读音。今人或把"八"看作草木勃发的枝根，就是纯象形；把"八"当声符兼义，就是形声兼会意。最常见常用的象形是以下两种类型：

1.独体象形

《说文·口部》"口（口），人所以言食也。象形"，《说文·马部》"馬（馬），怒也，武也。象馬頭、髦、尾、四足之形"。这是最直接最简单的独体象形，数量最多，也是汉字系统中用来构成合体字的基本字根（构字部件）。日（日）、月（月）、人（人）、水（水）、目（目）、禾（禾）、行（行）、鼠（鼠）、爵（爵）等，都是描绘事物轮廓线条的独体象形。还有手、山、刀、子、女、牙、爪、毛、文、心、户、戈、斤、又、木、皿、矢、田、矛、臣、自、肉、米、臼、网、衣、舟、耳、虫、角、豆、貝、身、犬、羊、牛、豕、鳥、鱼、豸、虎、鹿、兔、龟、象、燕等也都是独体象形，不用一一列出小篆也能看明白。其中，大部分是描画事物整体轮廓来象形的"全体象形"，也有只画部分来代表全体的，如牛、羊就只画牛头、羊头形，因为古礼制只割下牛头、羊头来祭祀。这种可称为"简略象形"或"局部象形"。

2. 衬托象形（或依附象形）

《说文·勺部》"勺（勺），挹取也。象形，中有實，與包同意"，外部象勺子形，里面一点是勺子舀的物实（丸子）。《说文·木部》"果（果），木實也。从木，象果形在木之上"，果，用树（木）来衬托果实。《说文·瓜部》"瓜（瓜），㼌也。象形"，徐锴曰"外象其蔓，中象其实"，用蔓藤来衬托圆形的瓜。这些都不是两个"文"组合的会意字，而是用某个部件（符号）来衬托、显示事物的形。可把该类称为"衬托象形"或"依附象形"，是指某些事物如用独体象形则特征不明显，或易与其他物形相混淆，就需要用附加符号来衬托以凸显其特征，如用所舀的丸子来衬托勺子、用木来衬托果实等。

此类不少，章太炎《文始》把独体象形称为"初文"，把衬托象形和指事称为"准初文"。此类还有，如雨（雨）用天幕来衬托雨点或说雨点依附天幕来显现，同样的，目下的水滴是"泪"、木下的水滴是"桼"。再如石（石）用山崖（厂）来衬托石块、须（須）用人面（頁）来衬托胡须（彡）、眉

（𦣞、眉）用目来衬托眉毛、𠂤（兵）用双手（廾）来衬托
兵器（斤）、𣪊（殷，即磬之初文，甲骨文作𣪊）用架子和
手执槌子来衬托磬石。这样的构形不是会意字而是象形文，
因为其主体与衬托符号是融为一体而不可分割的。

由于汉字发展演化的历史过于悠久，有些象形字的字形
结构发生了较大的变化，需要回溯到小篆以前的形象阶段才
可以一目了然地看清其构形意图，如：

构形\字例	图画文字	甲骨文	金文	六国文字	小篆	隶书	楷书
马						馬	馬
牛						牛	牛
首						首	首

许慎说马"象马头、髦、尾、四足之形"，近是，字形勾
勒的就是马的全身。而说牛"象角头三、封、尾之形"，有点
不得要领，其实是牛头面部上有盘角下有双耳之形，牛、羊
是割下头祭祀的，故以头代表全体。至于说首为"古文𦣻也，
巛象髪，謂之鬈，鬈即巛也"，有点远了，其实就是兽类的脑
袋之形。许慎的年代不可能像我们今天这样能够看到甲骨文、

金文，就当时的小篆字形去推测远古的构形，有些误差是在情理之中的。今天，我们可以借助出土文献中的各种古字形来证实、修正许慎的说解，尤其是象形字的说解。

（二）指事

指事，是用符号指出抽象、概括性的事理。《说文解字·叙》："指事者，视而可识，察而见意，上下是也。"是说一看它就知道所指的事理，仔细考察才能完全理解其意义。指事也称象事，不是象物之形，而是指认、提示某种事理，因而比象形要抽象一些。可分为两类：

1. 加符指事

指事一般是在独体文的基础上加指示性符号。《说文》只有两处标明"指事"的：《说文·上部》"上，高也。此古文上，指事也"；"丁，底也。指事"。上（二）、丁（二）的一横表示参照线，线上下的竖笔（或短横）指出"上、下"所在的空间。又如《说文·刃部》"刃（刃），刀坚也。象刀有刃之形"，是在刀锋利的一边点上一点指出"刃"之所在，故不是象形是指事。再如，《说文·木部》"本（本），木下曰本。从木，一在其下"，在木的下部画一短横，指出"本"即根之所在；"末（末）"是在木的顶端画一横表示末梢之所在；"朱（朱）"是木中间加点指出"赤心木"的赤心所在。《说文·亦部》"亦（亦），人之臂亦也。从大，象两亦之形"，用两点作指示符号指出人（大）的两腋之所在，后来"亦"借去表示虚词"也"义，本义另造形声字"腋"。

2.独符指事

有人认为"一、二、三、四、五"是指事字，即用独体的抽象符号指明事理。段玉裁《说文解字注》添了13处"指事"，如《说文·一部》"一"下段玉裁《说文解字注》："一之形，于六书为指事。"《说文·丶部》"丶，有所絕止，丶而識之也"，段玉裁《说文解字注》："按此于六书为指事，凡物有分別，事有可不（否），意所存主，心识其处者皆是，非专谓读书止，輒乙其处也。"这类抽象的事理，没有具体的物象作依托，只好用抽象符号来显示所指，符号本身就有指示性，不必附着于"文"上。此类还有，如《说文·口部》"回（回），轉也。从口，中象回轉形"，可以说是旋涡、毛旋、回肠等，总之不是具体的某物的形象，应为抽象符号型的指事字。《说文·丩部》"弓（丩），相糾繚也。一曰瓜瓠結丩起。象形"。不好强说是象藤蔓还是象绳索形，而是广泛的二软物互相纠结，看成抽象的指示符号更为合适。

（三）会意

会意，比并、会合两个以上事物来显示新的意义。独体为"文"，合体为"字"，会意字由两个以上象形（或指事）的"文"合并而成。《说文解字·叙》："会意者，比类合谊，以见指㧑，武信是也。"其中"会""合"都是合并；"比"是挨着、比并，"谊"是言语的内容与其形式相符，即后来的"义"，故"比类合谊（义）"就是把同类的物象及其意思合并起来。"㧑"即指挥的"挥"，用手指一个方向，"以见指㧑"就是用以指向新义。会合"止""戈"即为"武"，儒家认为"武"是用于制止战争的；会合"人""言"即为"信"，人说话要讲诚信，《论语》谓"人而无信，不知其可也"即是。

"会意"的特点在"比""会""合"，必须由两个以上的成字构件来组合成新字。比较而言，衬托象形、加符指事是在独体"文"上附加不成"文"的符号，仍可视为独体之"文"；会意字一定是"文＋文"的合体之"字"。段玉裁在《说文·一部》"天"下注："天，于六书为会意。凡会意，合二字以成语，如一大、人言、止戈皆是。"他区别前"四书"谓："（形声）别于指事、象形者，指事、象形独体，形声合体。其别于会意者，会意合体主义，形声合体主声。"

许慎在《说文》中只标明4次"会意"：《说文·哭部》"喪，亾也。从哭从亾會意，亾亦聲"；《说文·言部》"信，誠也。从人从言。會意"；《说文·攴部》"敗，毁也。从攴、貝。會意"；《说文·囗部》"圂，厠也。从囗，象豕在囗中也。會意"。徐铉校定"新附字"标明2次：《说文·日部》"昶，日長也。从日、永。會意"；"曇，雲布也。从日、雲。會意"。

但《说文》的会意字还有很多，段玉裁《说文解字注》中标明"会意"的就有943处。其实，除明确标示"会意"外，许慎还用"从某某""从某从某""从某，某某"等术语标示了会意字。如《说文·一部》"天，顚也。至高無上，从一、大"；《说文·晶部》"晶，精光也。从三日"；《说文·宀部》"守，守官也。从宀，从寸"；《说文·木部》"休，息止也。从人依木"；《说文·示部》"祭，祭祀也。从示，以手持肉"，段玉裁《说文解字注》："此合三字会意也。"会意字大体可分为三大类：

1. 同体会意

叠合同体的"文"构成会意字，有二合、三合、四合的，以二合为最多。如《说文·木部》"木，冒也。冒地而生，東方之行。从屮，下象其根"；《说文·林部》"林，平土有叢木曰林。从二木"；"森，木多皃。从林，从木"。一木为木，二木为林，三木为森。同样的，一屮为屮，二屮为艸，三屮为卉，四屮为茻。一口为口，二口为吅，三口为品，四口为㗊。

同体会意的"文"虽是同一个，但位置、方向不同就会构成不同的字。如《说文·从部》"𠚪（从），相聽也。从二人"；《说文·比部》"𣥠（比），密也。二人爲从，反从爲比"；《说文·北部》"𨙨（北），乖也。从二人相背"；《说文·匕部》"𠤎（化），教行也。从匕，从人"。都是二"人"会意，一人跟在一人后为从，一人与一人并排为比，一人与一人相背为北（背），一人头向上一人头向下为化。又如同样是二手会意，两手同向相随为ᕗ（友），两手向内向上为ᖕ（収/拱），两手向外向上为ᖝ（玨/攀），两手向内向下为ᖼ（臼/掬）。

2. 异体会意

所谓异体，是指参与会意的两个或多个"文"的形体不同。这类会意很多，如《说文·木部》"ᖨ（采），捋取也。从木，从爪"，手爪在树上采摘果或叶。《说文·音部》"章，樂竟爲一章。从音，从十。十，數之終也"，音乐一曲终了为一章。《说文·又部》"ᖫ（及），逮也。从又，从人"，ᕁ，手从后抓住、触及前面的人；又"ᖬ（秉），禾束也。从又持禾"，手持一束禾为"秉"。

有的会意字需要略换角度来理解，如《说文·斗部》"料，量也。从米在斗中"，段玉裁《说文解字注》："米在斗中，非盈斗也。视其浅深而可料其多少，此会意。"有的异体会意很复杂，由多个构字部件组合而成。如《说文·角部》"ᖩ（解），判也。从刀判牛角"，金文作ᖪ，是两手从牛头上掰下牛角形，小篆变手为刀。《说文·日部》"ᖭ（暴），晞也。从日，从出，从収，从米"，双手捧米到日头下曝晒，有水气上出。《说文·宀部》"ᖤ（寒），凍也。从人在宀下，以茻薦覆之，下有仌"，ᖯ，人躺在房子中，垫着草盖着草，脚下还结了冰，太寒冷了。《说文·爨部》"爨（爨），齊謂之炊爨。臼象持甑，冂爲竈口，丌推林内火"，"冂"为灶门（冖），上部为双手（臼）把甑筒（同）放到灶台上，下部是双手（丌）把柴草（林）推进灶门内燃烧（火），用六个"文"合起来表示这个做饭义的"爨"，其中"臼""丌""林"还可以拆分为四"手"二"木"，则用了十一个部件来构成一个会意字，可谓用心良苦。

3. 会意兼形声

上两类会意字的构字部件只表义不表音，而该类会意字的构字部件则有的是兼表音的。段玉裁《说文解字注》标明"形声包会意" 140 处，"形声兼会意" 5 处，"于形声见会意" 1 处，"会意兼形声" 5 处，"兼会意形声" 1 处。如《说文·一部》"吏，治人者也。从一，从史，史亦聲"，段玉裁《说文解字注》："凡言亦声者，会意兼形声也。凡字有用六书之一者，有兼六书之二者。"许慎虽未如此标明，实际上用"从某，从某，某亦声"，"从某从某会意，某亦声"等条例同样表现了会意兼形声的内容。如《说文·哭部》"喪，亡也。从哭，从亡會意，亡亦聲"，"亡（亾）"，既是丧的意义成分，又是它的声符。《说文·犬部》"猶，寶中犬聲。从犬，从音，音亦聲"，犬发音（音）是猶的动作且音兼作猶的声符。许慎有时也会直接说明这种会意兼形声的情况，如《说文·女部》"婚，婦家也。《禮》娶婦以昏時。婦人陰也，故曰婚。从女、昏，昏亦聲"，指出"昏"既为成婚的时间又表其读音。

这类会意兼形声之字，在《说文》中很多，许慎标明"亦声"的就有227处。段玉裁注《说文》最重视因声求义，最擅长发掘声符表义的会意兼形声之字的蕴含。如《说文·示部》"禛，以真受福也。从示，真聲"，段玉裁《说文解字注》："此亦当云从示，从真，真亦声。不言者，省也。声与义同原（源），故鱛（谐）声之偏旁多与字义相近，此会意、形声两兼之字致多也。《说文》或称其会意，略其形声。或称其形声，略其会意。虽则省文，实欲互见。不知此，则声与义隔，又或如宋人《字说》，只有会意，别无形声，其失均诬矣。"

（四）形声

形声，也称为"谐声"，是以表义类的偏旁为形符，以表读音的偏旁为声符，拼合成新字。《说文解字·叙》："形声者，以事为名，取譬相成，江河是也。"其中"事"指事物的义类，"名"即"文"，指符号，"譬"指"譬况"注音，即音同或音近。就是取事类作为形符名称，再取相同相近的读音为声符，合成形声字。如江、河属水的义类，就以"水（氵）"为形符，以"工""可"为声符合成形声字"江""河"。晋人卫恒《四体书势》说："形声，江河是也，以类为形，配以声也。"

形声是最能产的造字法，宋人郑樵《通志·六书》谓：

"六书也者，象形为本；形不可象，则属诸事；事不可指，则属诸意；意不可会，则属诸声，声则无不谐矣。"就是说，象形是汉字最根本的造字法（字根），抽象的事理不便象形就用指事，更复杂些的就用会意。象形、指事、会意局限于具体的物象，只能用于表达最基本的词义，更多、更深、更细致、更复杂的意义需要用更为优化的造字法。人类语言交际的基本单位是词，词义是交际的内容，语音是交际的形式，故词是音与义的结合体。口语词很早就产生了，记录词的文字很晚很晚才出现，如果字形既表示词的义类又表示词的读音，就是最优化的。形声字的形符表义，声符表音，因而就成为最佳的造字法，表现力最强，以至"无不谐矣"。

由于"形声"是汉字最优化最能产的造字法，故很早就得以广泛运用。迄今发现的殷商（约前16—前11世纪）十万多片龟甲兽骨中，刻有占卜用的4000多个不同的文字图形，已识别的约有2500多字。这些甲骨文中，主要是形象性强的象形、指事字，但形声字已占约27%。许慎《说文》9353个字中，有形声字7697个，占80%以上，比例是很高的。

《说文》分析形声字一般用"从某，某声"，段玉裁《说文解字注》谓"凡言从某、某声者，谓于六书为形声也"。如《说文·女部》"妹，女弟也。从女，未聲"；《说文·示部》"禧，禮吉也。从示，喜聲"；《说文·艸部》"薅，水萹茢。从艸，从水，毒聲。讀若督"。也有用"亦声"标示"会意兼形声"的，如《说文·玉部》"瓏，禱旱玉，龍文。从玉，从龍，龍亦聲"；《说文·赤部》"赨，大赤也。从赤、色，色亦聲"。还有用"省声"来表示形声字声符部分减省的，如《说文·玉部》"瑩，玉色。从玉，熒省聲"；《说文·黑部》"黴，中久雨青黑。从黑，微省聲"等，为了笔画的减省或字形结构的规整，组字时把声符的一部分省掉了。"省声"问题很复杂，如《说文·哭部》"哭，哀聲也。从吅，獄省聲"，《说文·宀部》"家，居也。从宀，豭省聲"等，有待进一步讨论。

形声字的结构类型，是根据形符、声符所在的位置不同来划分的。唐代贾公彦《周礼正义》分形声字为六类，就其类名配上例字如下：

1. 左形右声：江、柏、論、錘
2. 右形左声：鳩、剛、攻、放
3. 上形下声：字、景、霧、草
4. 下形上声：婆、忘、貢、架
5. 外形内声：閣、圃、匾、衷
6. 内形外声：聞、哀、風、辮

隶书、楷书以后，方块字为求匀称美观，还形成一些结构特殊的形声字，如《说文·禾部》"穎，禾末也。从禾，頃聲"，形符在左下角；《说文·耳部》"聽，聆也。从耳、惪，壬聲"，声符在左下角；《说文·玉部》"碧，石之青美者。从玉、石，白聲"，声符在右上角；《说文·宀部》"寶，珍也。从宀，从玉，从貝，缶聲"，声符在右边中部；《说文·㫃部》"旗，熊旗五游，……从㫃，其聲"，声符在右下角。可见，形声字的结构是非常灵活的。

形声字的能产性还体现在其代代递传上，如《说文·又部》"𤓯（父），矩也。家长率教者。从又舉杖"，金文作🪓，本是手执石斧的壮男形，转指父亲。《说文·用部》"甫（甫），男子美稱也。从用、父，父亦聲"。"父"作"甫"的声符，"甫"作"尃"的声符，"尃"作"溥"的声符，"溥"作"薄"的声符，"薄"作"礴"的声符，"父→甫→尃→溥→薄→礴"，递转产生了五代形声字。由此可知，《说文》小篆字系并不是一个共时的文字系统，而是历代造出的字传承累积到这一时段的文字平台中了，实质上是一个泛时性的、层累性的文字系统。

一般说来，形声字形符表示义类，声符表示读音。然而，声符实际上与其所构的形声字往往是音义同源的，即声符兼表义源。比如，由于斧头的刃是展开的，由"父"作声符代代递增的形声字有甫、尃、浦、逋、捕、補、圃、埔、脯、匍、莆、醭、陠、鋪、蒲、溥、博、餔、鏄、愽、膊、薄、簿、欂、礴等，近60个从"甫"得声的多代形声字都含有核心义素"铺开"，形成音近义通的一个同源词族。

又如，由于"小""少"是用点点表示细小，由它们作声符构成的形声字有肖、沙、纱、秒、妙、砂、粆、眇、杪、纱、訬、莎、消、削、銷、梢、綃、稍、艄、篯、菁、髾、鞘、蛸、弰、旓、霄、逍、渻、痟、睄、藕、潲、渺、緲等，都含有"细小""微茫"的核心义素，构成又一个音近义通的同源词族。

再如，由于"工"是人持工字尺做工，以"工"作声符的形声字有攻、功、贡、巩、红、豇、玒、杠、缸、釭、扛等，都含有"人工"的核心义素，构成又一个音近义通的同源词族，只是江、肛、魟、茳等专有名称才是借"工"纯作音标的同音借用形成的形声字，不在同源词族中。可见，这类形声字的特点是：形符表义类，如"氵"旁表示水类、"扌"旁表示手类动作等；声符表示核心义素（义源），如"工"声表人工，"甫"声表示展开，等等。

形声字最多见的结构是形符在左而声符在右，声符多兼表义，故有宋代的"右文说"。沈括《梦溪笔谈》卷十四载："王圣美治字学，演其义以为右文，古之字书皆从左文。凡字，其类在左，其义在右。如木类，其左皆从木。所谓右文者，如戋，小也。水之小者谓浅，金之小者谓钱，歹而小者谓残，贝之小者谓贱。如此之类，皆以戋为义也。"其基本原理是对的，只是不断有人对此无限推广，乃至以偏概全，才受到后人的诟病。

段玉裁很重视发掘《说文》形声字声符表义的功能，如《说文·马部》"騢，马赤白襍毛。从马，叚声"，段玉裁《说文解字注》："鰕鱼谓今之虾，亦鱼属也。虾略有红色，凡叚声多有红义，是以瑕为玉小赤色。"《说文·衣部》"襛，衣厚皃"，段玉裁《说文解字注》："凡農声之字皆训厚。醲，酒厚也；濃，露多也；襛，衣厚皃也。引申为凡多厚之偁。"段玉裁注《说文》，先撰《六书音均表》，分析《说文》近8000个形声字，归纳出1522个声符，分为古韵十七部，列《古十七部谐声表》，得出"同谐声者必同部"的著名古韵部论断，认为"许叔重作《说文解字》，时未有反语，但云某声某声，即以为韵书可也"。他凭借自己建立的古音十七部理论，利用声符的系统性去推求形声字的意义，建立同源词族，把"因声求义"之法用到相当完美的程度，取得了丰厚的成果。

当然，不是说所有形声字的声符都可以表义，也就是说一个声符在它参与构成的所有形声字中未必都是表义的。作为谐声偏旁的声符有两种情况：一种是同源通用形成的声符，如"工"字，上古同一个"工"可以表达"做工（工）""攻打（攻）""贡献（贡，献出劳动成果）""女红（红，用红色丝线做针线活）""水缸（缸，陶工制成）"等多个含核心义素"人工"的词义，后来字形分化，各加区分义类的形符

"攴""贝""糸""缶",就产生了"攻""贡""红""缸"等一组形声字,它们的声符"工"仍然表核心义素"人工",也就是语义的来源相同,它们是一组表示同源词的形声字。另外一种是同音借用形成的声符,如"江""肛""舡"等专有名词的名物早就有与"工"相同或相近的读音,造字时在义类形符"氵""肉""鱼"上加个同音的声符"工",就形成了这一组形声字,它们的声符"工"只表示读音,不表示意义。虽然"同谐声必同部",但是同部不一定必同义。所以,笼统地说"声符有义",甚至一概而论而拘守"右文说",都是有偏颇的。故段玉裁有时说"凡某声皆有某义",有时说"凡某声多有某义",视具体情况而定,"多有"就不是"皆有"或"全有"。

形声、会意都是由两个以上独体的"文(构字部件)"组合成合体的"字",因构字部件总是在字旁边,古代把合体字左边部分称为"偏",右边部分称为"旁",合称"偏旁"。因偏旁都是有意义的符号而被称为"义符"。某个偏旁(义符)用去作一个义类字集合的代表字就称为"部首"。在形声字中,表示义类的偏旁叫"形旁"或"形符",表示读音的偏旁叫"声旁"或"声符""音符"。会意字中的偏旁都称"义符"。大多数形声、会意字由两个偏旁构成,也有用多个偏旁的,如会意字爨由"臼""冂""卝""同""林""火"六个偏旁组成,形声字"寶"由义符"宀""玉""貝"和声符"缶"四个偏旁组成。

《说文》540部首多数都是可用来构成合体字的偏旁，李国英《小篆形声字研究》（北京师范大学出版社1996年）分析《说文》小篆，得到374个可用于再行构字的义符（偏旁）。章太炎把小篆以前的汉字称为"笔意"，隶书以后的称为"笔势"。"笔意"是说字形的笔画是有构形意义的，见形即可知义；"笔势"就只有笔画的走势了，失去了笔画构形时的原意。如篆书，还能看出蛇的屈曲形状来，是笔意，隶书、楷书的"虫"就只有笔画而看不出蛇形了，是笔势。小篆形声、会意字中的偏旁都保留笔意，隶书、楷书之后多改为笔势，且因方块字规整化的需要而把同一笔意改为不同部位的多种笔势。如小篆，象心脏形，在形声字情、念、蕊中还保持笔意统一作形，而楷书在左作"忄"、在下作"心"、在半包围中作"小"，变成了三种不同的笔势，其关系可表示为：

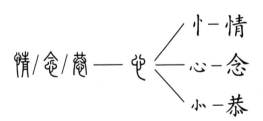

又如楷书笔势的"灬"来源于不同的小篆笔意，煮（煮）下笔意原是火，燕（燕）下笔意原是燕子的翅膀和尾巴，奥

（鱼）下笔意原是鱼翅、鱼尾，馬（马）下笔意原是马腿、马尾。早在小篆中，䖝、䖝、䖝三字的下部就统一讹混成川了，为了更为明晰地展示"灬"的不同来源，不妨追溯至笔意更浓的甲骨文、金文中，而将其关系表示为：

反过来，"火"小篆笔意同样是火，而在楷书笔势中，"炎（炎）"还是火，"赤（赤）"下部的火变成两竖两点，"光（光）"上部的火变成一竖两点加一横，而"煎（煎）"下部的火变成四点。

所以我们说，"六书"作为字形构造的原则主要适宜于《说文》的小篆字系，因为它主要是从小篆的笔意中归纳出来的。因此，要分析、掌握和运用汉字中占80%以上形声字的构造，必须把前后不同时期的字形还原为小篆的笔意，才能用"六书"理论来说清楚。

（五）转注

转注，《说文解字·叙》："转注者，建类一首，同意相受，考老是也。"关于什么是"转注"，一千多年来争论不休，主要有"形转""义转""音转"三大分支,"音转"又分"声转""韵转"。

1. 形转

形转的历史很悠久,唐人裴务齐《切韵序》有"考字左回,老字右转",意思是说两字义同,只是形体稍有转化,训释可以互通。但历代赞成"形转说"的文人不多。

2. 音转

宋人张有《复古编》有"转注者,展转其声,注释它字之用也",大意是说由"声""韵"相通而转化入它字,而义可相互显现,即由声音相近转化为其他形而义互通。

3. 义转

有"部首说",江声《六书说》:"老字以为部首,所谓建类一首,……取一字之意,以概数字,所谓同意相受。说文五百四十部之首,即所谓一首也,下云凡某之属皆从某,即同意相受也。"有"声义说",即音义可以互通,明人赵宧光《说文长笺》:"转注者,声义共同也,取其字就其声,注以它字,而义始显。"有"互训说",认为转注就是互训,必须在《说文》当中有"A,B也","B,A也"这样的互训才算转注。如戴震《答江慎修论小学书》谓:"转注之云,古人以其语言立为名类,通以今人语言,犹曰互训云尔。转相为注,互相为训,古今语也。""义转说"强调义上的通转而连带音、形相近变化。

许慎在《说文解字·叙》中虽举"考－老"为转注之例，但在正文没有标过一次"转注"。段玉裁《说文解字注》标"转注"202次，如《说文·馬部》"馴，順也"，段玉裁《说文解字注》："此六书之转注。"

各家对"转注"的解释多有不同，且各引其例，如"颠－顶""更－改""逆－迎""妹－媦""馴－顺"等。而《说文解字·叙》只举"考－老"一例为转注。《说文·老部》"考，老也。从老省，丂聲"；"老，考也。七十曰老。从人、毛、匕"。小篆作𠯑、𠺝，甲骨文作𦓀、𦒃，都是长发、白胡子、佝偻背的老者拄着拐杖之形，只是"老"的拐杖向内而"考"的拐杖向外而已。读音上"考""老"韵母、声调相同，只是声母有溪母"k-"、来母"l-"的不同，古时可能是复辅音声母"kl-"。本是表示年纪大的同一个词，只有一音一义一形，后来派生分化，生者称"老"，而死者称"考"，义变导致音变，分复辅音声母"kl-"为单辅音声母"k-""l-"，但只造了一个字形来记录它。后来，由于某种原因，这个词在某些地方、某些场合下分化出两个词义，读音分化为"kǎo""lǎo"。再后来字形分工，以拐杖的向背分"考""老"。二字属于同一义类和音类，同属"耂"这一个部首，所以说"建类一首"；二字意义相同而可像"考，老也"，"老，考也"

这样相互训释，所以说"同意相授"，也就是词义转相为注，故称"转注"。

这种同义同音同形的分化，不是真正意义上的造字法，至多也只能算是用字法。尽管历代研究转注者很多，文章、著作层出不穷，各家列举的例子五花八门而多寡不一，但只有许慎列举的"考－老"一例得到公认，因为再没有任何一对字能够像"考－老"这样具备如此多的义、音、形的密切联系了。所以，《说文》六书中的"转注"只有"考－老"而难及其他，"考－老"就是"转注"。后代也有学者把"考""老"归入象形或形声中去，而不言"转注"。

（六）假借

假借，《说文解字·叙》："假借者，本无其字，依声托事，令长是也。"其中"声"指读音，"事"指意义，"托"是依附。这句话意思是说，语言中早已存在的某个词有音有义，但无法依义构思出字形，只好借已有的同音（音近）字来表达它的词义，即把已有的表意字借作音标来使用。

许慎给"假借"下的定义很好，有词义而造不出字形来，就是"本无其字"；根据音同音近的条件把词义托付给已有的字形，就是"依声托事"。但许慎举"令""长"为例子是不确切的。《说文·卩部》"令（令），發號也。从亼、卩"，甲五九七，是一张大口对跪坐着的人发号施令；《说文·長部》"長（長），

久遠也。从兀，从七。兀者，高遠意也。久則變化。ㄙ聲"，

原林二·二六·七，是拄拐杖的长发老人形，与"老""考"相似。

"令"用于发命令是作动词（后作命），用指所发之令或发令

者则为名词，本是词义的引申分化，许慎却认为是把发令的

"令"同音借用作官吏（如县令）的"令"了。"长"本是头发

长而引申为长远，是形容词，又从长者义引申指官长，许慎

却认为是把长短的"长"同音借用作长官的"长"了。

许慎在《说文》原文中没有直接标示"假借"，连《叙》

中所举"令""长"的例子下也不见标"假借"。段玉裁《说

文解字注》却标"假借"684处，如《说文·一部》"丕"字

下注"丕与不音同，故古多用不为丕，如不显即丕显之类。

于六书为假借，凡假借必同部同音"；《说文·頁部》"顺也，

理也"，段玉裁《说文解字注》"曰驯，顺也，此六书之假借"

等，其实只是同音通用，都各有本字，不是"本无其字"的

假借。

我们可选用其他的例子来说明许慎"假借"的定义。如

第一人称代词有音有义不好造字，就借已有的同音字"我"

代替。《说文·我部》："我，施身自謂也。或説我，頃頓也。

从戈，从禾。禾，或説古垂字。一曰古殺字。""一曰"才是

本义，小篆作我，甲骨文作𢦏，是长柄齿刃兵器或刑具，

故从戈而或训杀。第二人称代词也无字，借同音的"女"字

代替。《说文·女部》："𤕨，婦人也。象形。"甲骨文作𤕨，金文作𤕨，为手交胸前端坐于地的女人形。同样，借表鼻子形的"自"来指称自己之"自"，借表胡须之形的"而"来作连词而且的"而"，借表草生出地面的"屮"为虚词"之"，借表鸟宿巢上形的𠧧为方位词"西"等，都是"本无其字"的假借。虚词不易依义构形，很多虚词都是用假借法来表示的，如于、则、然、若、如、耳、所、何、胡、孰、焉等虚词都是借同音（音近）实词的字形来用的。

这类借形表词的假借有几种不同的情况，第一种如古刑具"我"被借去作第一人称代词，本义不用而死去，就"久假不归"，代词义完全占用了"我"的字形。第二种如第二人称代词借女人的"女"，但名词"女人"义、人称代词（你）义都很常用而冲突，于是代词义又转借极少用的河流名"汝"。第三种如自指义借鼻子形的"自"，本义"鼻子"只好加声符"畀"另造形声字"鼻"，把"自"完全让出来；西方义借鸟在巢上宿的"西"，二义都常用，本义就干脆另外造形声字"栖（棲）"，把"西"字形完全让给西方义了。"自－鼻""西－栖/棲""北－背""其－箕""莫－暮"等，就是这种假借而形成的古今字。

还有一类"假借"是"本有其字"的假借，也称为"通假"。如酒杯形的"爵"同音借用作麻雀的"雀"，虫子的"蚤"

借作早晨的"早"等，本来各自依自己的词义构造了各自的字形，但在使用中因同音而临时借用，一度形成上古字用的混乱局面。本无其字的"假借"与本有其字的"通假"，都没有造新字，都只是调整字用的一种方法。

三、"六书"的局限性及其在汉字发展史上的作用

"六书"不是同一平面的六种造字法，也不是广泛适用于各时代汉字体系的普适型造字规则。因此，对"六书"的解释历来多有不同且不够严密，"六书"理论的应用也存在很多问题，其中"转注"的定义与应用分歧尤多。

因此，近代以来的文字学家试图突破许慎《说文》"六书"理论的框架，提出新的通用的汉字结构分析方法。唐兰《古文字学导论》（齐鲁书社1981年）首次提出"三书说"，把汉字结构分成"象形""象意""象声"三类。陈梦家《殷墟卜辞综述·文字章》（科学出版社1956年）提出新"三书说"，定为"象形""假借""形声"。之后，刘又辛发展陈氏观点，把汉字的发展历史分为三个阶段：形意字阶段（象形、指事、会意）、假借字阶段、形声字阶段。裘锡圭《文字学概要》（商务印书馆1988年）在前人基础上构建自己的三书体系：表意字、假借字、形声字。这些探索，使得汉字结构分析的方法更为丰富而渐趋严密。"六书"理论的研究与应用也得到长足

的发展。

就上文对《说文》用例的分析可知,"六书"中的"象形""指事""会意""形声"是造字法,"转注""假借"是用字法。汉字是具有表意性质的文字体系,一般说来,汉字构造的历史大致可以分为"图画""意合""形声"三大阶段,综合"六书"来看"造字""用字"的发展,也可分为相应的三大阶段:形象阶段(象形、指事、会意)、假借阶段、形声阶段。

首先是形象阶段,也就是纯表意阶段,"象形""指事""会意"均属于此阶段,可统称为"形义字",即以一个字形描写一个词义,形象而明晰,区别率很高。但这类形象的造字法表达率不够高,《说文》这三类字只有1600多个,远不够大量词义表达之需要。社会交际的发展不断产生新词新义,很多抽象的、虚化的词义无法用形象描画的方法造出字来,这就需要另寻表达方式,于是就产生了假借用字法,就进入汉字借音表义的假借阶段。

假借阶段,实际上是借助已有字形作音标来表示同音词,不再是象形阶段一个字形只描画一个词义,而是一个字形兼表多个词,如"丁"表示"木钉""天干名""人口""伐木声"等。一身兼多职,以少量的字形表示大量的词义,这就大大提高了已有汉字的表达率。清人孙诒让《与王子庄论叚借书》对此有很好的评述:"盖天下之事无穷,造字之初,苟无叚借一例，则将逐事而为之字，而字有不可胜造之数，此必穷之势也。故依声而托以事焉。视之不必是其本字也，而言之则其声也，闻之足以相喻，用之可以不尽，是叚借者，所以救造字之穷，而通其变。""假借"作为用字方法，用同音借用的方式充分发挥已有形义字的表词功能，以有限的字形表达了巨量的词义。

然而矫枉容易过正，假借法一度泛用无度，不但本无其字用假借，本有其字也随意通假。就像今天的一些中小学生和网络写手那样，随意写同音字，也就是大量"写别字"。这样一来，很多同音的词就只用一个简单的字形来书写，汉字系统的表达率是大大提高了，但区别率却大大降低了，因为一个字形兼表词义过多，就难于准确定位，就像一位兼任十多个职务的职员很难确定他正在履行哪个职责一样。如果就这样不加限制地胡乱假借下去，汉字可能逐渐失去其明确的表意性质，逐步走向拼音化，字形就会蜕变为同音词群的标音符号。然而有幸的是，为了解决表达率与区别率的矛盾，汉字在周秦时期就进入了形声阶段，殷墟甲骨文中的形声字就已占总字量的27%了。

形声阶段，也就是汉字表意兼表音的阶段。形声字的形符表义类（绘形表义），声符表读音（借作音标，多数还表核心义素），这就正好兼顾了汉字的表达率和区别率。形符可以表示很宽的义类，如《说文》的水部就有468个从" 氵"的字；声符可表很多同音（音近）字的读音，如《说文》以"甫"为声符的字有近60个之多。实际上，无所不可以形声，故形声成为最高产的造字法，《说文》中形声字占总量的82%，其后再造新的汉字绝大多数也都是形声字（除个别的"凹""凸""歪"等字以外），所占比例也就越来越高，形声字在汉字系统中的地位也就越来越重要而稳固。

总体来看，汉字系统内部形体构造的历时发展，可以表述为三大递进的阶段：形象阶段→假借阶段→形声阶段。

形象阶段（象形、指事、会意），区别率高，表达率低；假借阶段（假借），表达率高，区别率低；形声阶段（形声），兼顾区别率和表达率。所以，形声字是最优化、最高产也最具生命力的造字法。世界上的几种古老文字，如古埃及圣书字、苏美尔楔形字等，虽然都始于象形，但都没有沿用下来，中途都变为拼音文字了。而汉字体系及其表意性质一直沿用至今而无断裂，应该说是与汉字很早就找到了形声这种优化而高产的造字法有紧密联系的。形声字的形符一直表义类，声符本从形义字来，且多数声符兼表核心义素，所以形声字虽然充任了表音职能，但归根到底还是表意性质的。所以，汉字属于表意体系的文字。

汉字之所以能成为唯一一个几千年来未曾出现断裂，且一脉相承的文字体系，一方面是源于中华民族的杰出智慧，特别是很早就发明了形声造字法，化解了文字作为记录语言的符号，在表达率和区别率二者之间不可得兼的尴尬；另一方面自然也与汉字自身独特的魅力分不开。近代以来，曾有不少声浪呼吁汉字拼音化，但事实证明，汉字，这优美的方块字，是中华民族割舍不下的瑰宝，它记录着中华文明的前世今生，沟通着神州大地的南腔北调。如今，回首沧海桑田的岁月，唯有汉字所承载的真实振古如兹。

总之，汉字是伟大的，我们要珍惜它、学习它、掌握它、传承它。首先，熟悉《说文》540部首里边的470多个字根，其次，了解汉字构造和使用的条例或规则——"六书"，然后就有可能举一反三，系统掌握汉字王国里边"一生二，二生三，三生万物"的真谛了。

附　录

关键字音序索引

【B】
bā
巴 110
八 221
bái
白 238
bǎi
百 224
bān
華 133
bàn
半 106
bāo
勹 44
包 44
bǎo
保 34
bèi
北 42
貝(贝) 307
běn
本 144
bī
皀 247
bí
鼻 64
bǐ
比 41

匕 265
bì
㢼 238
敝 238
biǎn
辡 282
biāo
髟 58
bīng
仌 172
兵 281
bìng
竝(并) 27
bō
癶 90
bó
薄 19
帛 237
bǔ
卜 272
bù
步 91
布 236

【C】
cái
才 147

cǎi
采 145
cài
菜 139
cán
奴 51
cāng
倉(仓) 212
cǎo
艸 137
cè
冊(册) 153/306
chān
延 94
cháng
長(长) 38
chàng
㫃 250
cháo
巢 151
chē
車(车) 294
chè
屮 137
chén
陳(陈) 7
臣 63

辰 113
晨 114
chǐ
齒(齿) 75
尺 79
chì
彳 93
赤 243
chóng
蟲(虫) 109
chóu
雔 128
chū
出 141
chuān
川 190
chuǎn
舛 95
chuāng
囪(窗) 202
chuí
巫 149
chuò
辵 94
龜 122
cǐ
此 92

cì
束 146
cóng
从 40
cū
麤 122
cuàn
爨 244
cùn
寸 79
cuò
錯(错) 20

【D】
dà
大 25
dài
隶 86
dān
丹 214
dàn
旦 168
dāo
刀 277
dǐ
氏 186
dì
弟 37

地 177
diǎn
典 154
diàn
電(电) 174
dīng
丁 303
dǐng
鼎 245
dōng
東(东) 149
dǒu
斗 264
dòu
鬥(斗) 83
豆 266
dū
都 210
duān
耑 143
duī
𠂤 186
dùn
盾 294
duō
多 172

【E】
è
歺 52
歹 184
ér
儿(兒) 35
而 58
ěr
耳 65
èr
二 218

【F】
fán
燔 244
fāng
匸 259
方 299
fáng
房 201
fēi
飛(飞) 131
非 131
fēng
風(风) 109
豐(丰) 270
fǒu
不 132
缶 261
fū
夫 26
fú
巿 237

富(畐) 270
fù
婦(妇) 30
自 188
皀 188

【G】
gān
甘 72
干 282
gàn
紺 298
gāo
高 206
gǎo
杲 145
gào
告 68
gē
戈 284
gé
革 125
gōng
宮(宫) 197
弓 289
工 300
gǒng
収(廾) 80
gòng
共 80
gōu
句 240

gǒu
狗 103
gòu
冓 204
gǔ
骨 50
古 68
谷 193
兆 235
鼓 268
guā
瓜 162
guǎ
冎 50
guàn
冊 308
guī
龜(龟) 112
guǐ
鬼 53
guō
啚(郭) 207
guó
國(国) 209

【H】
hài
亥 104
hǎn
厂 183
hé
禾 155

hēi
黑 203
hóng
弘 21
hòu
㫗(厚) 206
后 311
hū
虍 117
hú
壺(壶) 263
hǔ
虎 118
hù
瓠 162
戶(户) 201
huā
琴 150
華(华) 150
huà
七(化) 40
畫(画) 86
huán
莧 123
萑 130
huáng
黃 180
huī
虫 108
毇 158
燬 241
煋 241

huì
芔(卉) 137
會(会) 248
huǒ
火 241

【J】
jī
禾 150
稽 151
箕 153
丌 153
jí
畐 69
即 247
jǐ
彐 83
几 279
jì
旡 74
彑 105
既 248
jiā
家 198
jiǎ
甲 292
jiān
开 184
閒(间) 202
jiàn
見(见) 61
jiāng
畺 179

jiàng
弜 290
jiāo
交 26
縣 58
jiǎo
角 106
jiào
教 88
jié
桀 96/148
卩(㔾) 302
jiè
丯 279
jīn
金 181
巾 236
斤 280
jīng
晶 169
京 205
jǐng
井(井) 213
詰 71
jiōng
冂 208
jiǒng
囧 171
jiū
丩(纠) 239
jiǔ
韭 161

九 221	lǎo	lǔ	měng	nè	pǐn
酒 251	老 37	鹵(卤) 249	黾(龟) 112	扩 51	品 258
jiù	léi	lù	mèng	néng	pìn
臼 157	靁(雷) 174	鹿 122	廱 200	能 121	朮 160
jū	lěi	录(录) 213	夢(梦) 200	niàn	pò
臼 79	厽 188	luǎn	mǐ	廿 223	粖 142
且 279	耒 307	卵 113	米 157	niǎo	pū
jù	lí	lǚ	mì	鳥(鸟) 127	攴 87
眲 61	犂 105	吕 48	糸 228	niè	pú
瞿 129	lí	履(履) 235	宀 233	聿 85	菐(僕) 80
jué	李 7		mián	卒(卒) 304	
谷 66	里 178	【M】	宀 198	niú	【Q】
爵 266	豊 269	má	miàn	牛 105	qī
玨 310	lì	麻 161	面 59	nóng	妻 30
jūn	立 27	mǎ	mín	農(农) 114	桼 151
軍(军) 187	力 32	馬(马) 107	民 43	nǔ	七 220
君 312	秝 155	mài	mǐn	弩 290	戚 288
	鬲 245	麥(麦) 159	皿 255	nǚ	qí
【K】	爾 245	mǎng	míng	女 29	齊(齐) 160
kǎn	liǎng	舜 138	冥 168		qǐ
凵 66	网(两) 296	máo	朙 170	【P】	豈 268
kè	liǎo	矛 283	名 171	pài	qì
克 293	了 34	mǎo	mò	㳠 160	气 167
kǒu	lín	卯 234	末 144	辰 193	器 256
口 65	林 145	mào	mǔ	pān	qià
kū	lǐn	冃(帽) 234	母 29	籼 79	刌 278
哭 67	㐭(廩) 212	皃(貌) 293	mù	páo	qiān
kūn	liú	méi	目 60	炮 243	臤 63
蚰 108	劉(刘) 7	眉 62	木 142	pí	千 224
	liù	mén		皮 124	qiàn
【L】	六 220	門(门) 201	【N】	piàn	欠 72
lái	lóng	méng	nán	片 147	qiè
來(来) 159	龍(龙) 121	盟(盟) 257	男 31		妾 31

qín
董 180
珡（琴）305

qīng
青 214

qiū
丘 182

qiú
裘 233
酋 252

qū
凵 256
曲 260

qù
去 204

quán
泉 192

quǎn
犬 102
く 190

【R】
rǎn
冄 57

rén
人 24
仁 24
壬 44

rèn
刃 278

rì
日 168

róng
戎 285

róu
内 116

ròu
肉 50

rù
入 203

ruò
叒 149

【S】
sà
卅 223

sān
三 218

sè
嗇（穡）213

sēn
森 145

shān
羴 107
山 182

shàng
上（上）166

shé
舌 69

shēn
身 47
申 175

shēng
生 140

shī
尸 53
師（师）187

shí
石 185
十 222
食 246

shǐ
史 84
豕 103
矢 291

shì
氏 5/185
是 93
示 166
士 222

shǒu
首 55
百 56
手 77

shòu
嘼（兽）116
殳 87
乏 90
朮 161
書（书）315

shǔ
鼠 123
黍 156

shù
束 148
戍 285

shuài
率 134

shuǐ
水 189

sī
思 76
絲（丝）230
司 312

sǐ
死 52

sì
罬 120
四（亖）219

sù
素 229

suī
夊 95
夆 129

suǒ
㣌 76

【T】
tā
它 109

táo
匋 262
陶 262

tiān
天 165

tián
田 178

tíng
亭 207

tǐng
壬 45

tū
秃 155

tǔ
土 176

tù
兔 123

tún
豚 104

【W】
wǎ
瓦 260

wán
丸 292

wáng
王 7/310
亾（亡）39

wǎng
网 134

wēi
广 184

wéi
韋（韦）97
囗 208

wěi
尾 49

wèi
未 143

wén
文 9

wǒ
我 286

wò
臥（卧）47

wū
烏（乌）127
巫 271

wǔ
舞 96
午 158
五 220

wù
戊 287
勿 298

【X】
xī
西 133
夕 171

xí
習（习）131

xǐ
喜 267

xì
系 229

xián
次 73

xiāng
香 156

xiǎng
亯（享）206

xiàng		**xuè**		一	164/218	**yòu**		**zēn**		**zhú**
象	117	血	257	衣	232	又	78	先(簪)	234	竹	152
向	199	**xùn**		壹	264	鼉(黽)	146	**zhǎn**		**zhǔ**
嚮	211	卂	131	**yí**		**yú**		琖	301	丶	258
xié				臣	60	舁	81	**zhāng**		**zhù**
劦	32	【Y】		**yì**		魚(鱼)	111	張(张)	8	宁(貯)	259
頁(页)	56	**yá**		毅	21	鱻	111	**zhǎo**		壴	267
xīn		牙	75	亦	28	**yǔ**		爪	82	**zhuān**
心	76	**yà**		異	81	羽	130	**zhé**		叀	231
辛	281	亞	236	易	110	雨	173	乇	148	**zhuī**
xìn		**yán**		㒸	120	**yù**		**zhèng**		隹	128
囟	76	言	70	邑	210	聿	85	正	92	**zhūn**
xíng		麤	118	**yīn**		玉	308	**zhī**		屯	139
行	95	炎	242	音	70	**yuán**		支	85/152	**zhuó**
xìng		鹽(盐)	250	**yín**		員(员)	246	之	140	叕	241
姓	3	**yǎn**		似	43	**yuē**		厄	265	勺	265
xiōng		广	188	狀	103	曰	67	**zhǐ**		**zī**
兄	36	㲋	297	**yǐn**		**yuè**		旨	71	甾	263
凶(兇)	204	**yàn**		歙(饮)	73	月	170	止	89	**zǐ**
xióng		燕	111	乁	94	岳(嶽)	183	黹	239	子	33
熊	121	焱	242	尹	312	戉	286	**zhì**		**zì**
xiū		**yáng**		**yìn**		龠	305	豸	118	字	10
休	144	羊	106	印	302	樂(乐)	306	廌	119	自	64
xū		**yāo**		**yǒng**		**yūn**		至	132	**zǒu**
須(须)	57	夭	28	永	192	壹	264	炙	243	走	91
戌	288	幺	230	**yòng**		**yún**		雉	291	**zú**
xuān		**yáo**		用	273	雲(云)	175	**zhòng**		足	90
吅	66	垚	177	**yōu**		【Z】		重	46	**zūn**
xuán		爻	273	丝(幽)	231	**zā**		**zhōu**		尊(尊)	252
玄	231	**yǎo**		**yǒu**		帀	140	州	191	**zuǒ**
xué		杳	144	有	249	**zá**		舟	299	丆	78
穴	197	**yī**		酉	250	蠱	129	**zhū**		
		肙	48					朱	144